강원도의

상쇠들

①

미학적 뿌리

강원도의 **상쇠**들 – ❶ 미학적 뿌리

1판 1쇄 발행 ┃ 2016년 1월 30일

지은이 ┃ 아트코어 굿마을 김원호
고 문 ┃ 김학민
펴낸이 ┃ 양기원
펴낸곳 ┃ 학민사

등록번호 ┃ 제10-142호
등록일자 ┃ 1978년 3월 22일

주소 ┃ 서울시 마포구 독막로 10 성지빌딩 715호(우편번호 04071)
전화 ┃ 02-3143-3326~7
팩스 ┃ 02-3143-3328

홈페이지 ┃ http://www.hakminsa.co.kr
이메일 ┃ hakminsa@hakminsa.co.kr

ISBN 978-89-7193-233-9 (03380), Printed in Korea

이 도서의 국립중앙도서관 출판시도서목록(CIP)은 e-CIP홈페이지(http://www.no.go.kr/ecip)와
국가자료공동목록시스템(http://nl.go.kr/kolisnet)에서 이용하실 수 있습니다.
(CIP제어번호 : CIP2016001957)

• 이 책은 강원도, 강원문화재단 후원으로 발간되었습니다.

강원도의
상쇠 들

—

①

미
학
적　뿌
리

아
트
코
어　굿
마
을
—
김
원
호

학민사
Hakmin Publishers

들어가는 말

    강원도에는 상쇠가 많다. 굿성을 '투박하고 아름답게' 내면화한 좋은 두렁쇠들이 상대적으로 많다. 굿 입장에서 보면 진정한 뜬쇠들이다. 이들은 무척이나 아름다운 노동을 한다. 그들은 두레를 조금이라도 경험하고 기억하는 세대들이다. 주지하다시피 두레는 부조(扶助)의 노동 조직으로서 인류 최고의 '노동의 퀄리티'를 만들어 내었다. 노동이 전사회적으로 아름다웠던 이 시기는 그 공동노동의 문화도 알차게 발전시켜 주었고 풍물굿에는 풍요로운 철학과 미학의 커다란 줄기 하나를 마련해 주었다.

    강원도의 상쇠들은 이러한 두레의 문화와 정신의 적자(嫡子)들이다. 아직도 굿노동을 하고 있기 때문이다. 온 마음과 정성을 다해 여전히 헌농(獻農)굿을 치고 있기 때문이다. 사람들의 존재를 대동시키는 노동을 하고 있기 때문이다. 그래서 강원도 풍물굿은 아직 굿으로서의 기운을 잃지 않고 있다.

    강원도 풍물굿은 미래에도 밝아질 굿성을 갖고 있다. 원시성, 근

원성이 강하기 때문인데, 두 가지로 사람들 삶에 더 깊이 안착할 것이다. 하나는 사람들이 영성(靈性)으로 진화하고 있다는 점이다. 스스로 삶의 근원을 점검하고 성찰하기 시작했고 이는 삶과 문명의 질곡이 심해질수록 더 깊어질 것이다. 성속일여의 현실이라는 삶의 리얼리티를 스스로 조금씩 알아차리고 숙성시켜 나갈 것이다. 다른 하나는 평화와 상생, 생명스러움을 위한 굿으로 진화할 확률이 높아진다. 강원도 풍물굿이 '제천(祭天)스러움'에 대한 연구와 노력들을 하기 시작했기 때문이다. 그렇다면 이는 동북아 차원이 될 터이고, 동북아에는 이미 다국가 민족인 우리가 그 국가의 사람들과 이미 평화적으로 공생하고 있다. 게다가 오랜 역사 동안 형성되었던 문화와 정서의 공감대가 여전히 뿌리 깊다. 강원도 풍물굿의 굿성은 동북아 굿성으로 조금씩 발전할 것이다.

필자는, 기예가 뛰어나고 연행 위주로 공연하는 여러 상쇠들의 굿이 당대 사람들의 깊은 존재적 감수성과 가치에서 점점 멀어져

가는 현상이 많이 걱정되는 편인데, 강원도 상쇠들이 주재하는 헌 농굿에 접하면서, 세상은 힘들어져도 풍물굿의 굿성은 여전히 쎄다 는 기쁜 마음이 단박에 들었다. 우리나라 풍물굿의 굿성을 새삼 다 시, 풍성하게 해줄 수 있겠다고 여겨졌다.

그래서, 강원도 풍물굿의 상쇠들에 대한 이야기를 쓰고자 한다. 여러 가지 패러다임으로 오랫동안 차근차근 그들의 굿을 보고 느끼 고 어울리며 전하고자 한다. 시리즈로 책을 계속 낼 것이다. 첫 번 째 책은 강원도 풍물굿과 그 굿을 주재하는 상쇠들이 '시스템으로 하는 굿'을 미학적 관점으로 들여다 보고자 한다. 앞으로도 생성미 학의 관점을 가지고 다각적 차원으로 그들을 느낄 것이다.

이 책 '강원도의 상쇠들 1편—미학적 뿌리'에서는 강원도 풍물굿 전체가 아닌, 영동굿으로 국한하여 사고했다. 영서굿은 성격과 내 용이 분명 영동굿과 차이가 있는데, 필자에게는 이른바 영서굿이

경기도의 풍물굿과 미학, 예술론 차원에서 어떤 차이가 있는지 가늠하고 그 아름다움을 준거할 만한 소양이 아직 모자라기 때문이다. 앞으로 영서 지방의 상쇠들을 더 깊이 느끼면서 고유의 굿성을 찾아내는 일에도 힘쓰려 한다.

볼 품 없는 원고를 짧은 시간 동안에 해 달라 억지 부려도 칼같이 책으로 만들어주시는 학민사 여러분께 늘 고맙다.

김원호 배상

강원도의 상쇠들 ― ① 미학적 뿌리
CONTENTS

첫째마당

굿성―풍물굿의
존재이유와 생성미학

둘째마당

동북아 굿성과
강원도 풍물굿

셋째마당
'굿노동'하는
상쇠들

부 록

굿성—
풍물굿의
존재이유와
생성미학

01 _ 풍물굿의 이른바 굿性

  좋은 풍물굿[1]은 성속일여의 통과의례를 통해 자기 삶을 근본적
으로 점검하거나 성찰할 수 있게 한다. 물론 신명의 재미와 감동이
창출되어야만 그리 된다. 삶이 버전업되는 것이다. 사람들에게 세
상은 아직 살아볼만한 곳이라는 재생의 힘과 더불어 감수성을 따뜻
하게 진작시켜준다. 그러한 따뜻한 감수성은 각각의 삶 속에서 보
다 넓어진 풍성한 시공간의식으로 세상을 진보시켜 낸다. 따라서
풍물굿은 단순한 볼거리 엔터테인먼트가 아니라 세상을 진정스럽
고 풍성하게 하는 것이 된다.

  근래 힐링이라는 말이 생활 깊숙히 들어왔다. 누가 시키지도 않

---

1)   풍물굿에는 많은 속칭들이 존재한다. 풍물, 풍장, 굿, 매구, 당산굿, 징물, 두레풍
      장, 걸궁, 걸립, 절굿, 중매구, 굿중패, 지심놀이, 두레굿, 지신밟기, 마당밟이, 군
      고, 군물, 금고, 농악… 풍물굿에 대한 속칭은 많을수록 좋다. 속칭들에는 다양
      하고 풍부한 나름의 세계관들이 드러나기 때문이다. 오랜 시간 동안 삶 속에서
      벼려온 나름의 절절한 이유가 있기 때문이다. 각 속칭들은 그를 호칭하는 사람
      들의 가치관과 미학이 반영된다. 여러 가지 다른 이유도 있지만, 필자는 풍물굿
      의 핵심 존재이유를 굿성으로 여기기 때문에 풍물굿이라는 명칭을 사용한다.

았는데 언젠가부터 대중들이 스스로 받아들여 일상의 작은 화두로 삼은 개념이다. 삶의 긍정적 전환 또는 도약으로 받아들이고 있다. 뭔가 지금의 삶이 모자라다고 여기기 때문이다. 그래서 힐링이란 현재 시간의 세상살이만 갖고는 안 된다라는 표현이자 존재근원에 대한 자기성찰, 그 근원의 힘을 챙기자는 뜻이 된다. 근원과 현실이 같이 있는, 즉 성속일여의 시공간 속에서 살고 있다는 것을 점점 더 알아차리고 있는 것이다. 그래서 스스로 힐링하려 하고 더 나아가 근본으로서의 삶으로 보다 빠르게 진화하고 있다. 성속일여의 존재라는 것을 점점 더 실감하고 있는 것이다.

우리의 풍물굿이 당대성을 얻기 위해서는, 이런 대중의 존재 차원의 진화 욕구와 만나야 한다. 이 차원으로 잘 놀아야, 놀아주어야 한다. '잘' 놀 수 있는 키워드는 굿성이다.

굿성 또는 굿정신은 한마디로 성속일여(聖俗一如)의 시간과 공간에서의 제의이자 놀이이다. 이것을 호출하고 상호 소통하는 것이 신명(神明)이다.

사람은 세상에 살면서(俗), 끊임없이 존재의 근본(聖)을 물을 수밖에 없다. 유한존재이기 때문이다. 그래서, 현실은 실제로 성과 속이 같이 있는(聖俗一如) 시간이 된다. 무(巫)굿은 이 시간의 길을 왕래하며 신탁(神託)의 힘으로 사람들의 길흉화복을 해결해주고, 풍물굿은 이러한 성속일여의 길을 독특한 춤과 노래로 축원하고 진화시켜 세상을 좀 더 따뜻하게 북돋아 왔다.

풍물굿은 기본적으로, 그리고 핵심적으로 신명을 부르고 누린다.

신명이라는 감성과 영성과 집단무의식이 전일된 강한 에너지를 호출하고 내 몸에 새삼 모시는 기제이다. 그래서 성속일여의 시공간에서 만드는 신명인 풍물굿판은 시간이 중첩되어 '절름거리는 굿'이 된다. 풍물굿판 전체의 흐름이 그러하다. 대부분의 길굿, 가내행악, 그리고 주요 굿거리는 주제부터 절름거린다. 심지어 대부분의 가락도 절름거린다. 2분박과 3분박이 교호된다든지, 구성으로서, 나아가 느낌으로서 절름거린다. 굿의 내용이 현실의 시간이 아닌 다른 시간을 요구하기 때문이다. 성속일여의 몸을 요구해야 신명이 나기 때문이다. 그래서 현실의 시간과 현실일탈의 시간, 이 두 가지를 필요로 한다. 현실과 일탈, 일상과 비일상이 같이 되는 시간, 이 두 가지 시간이 같이 직조되어야 한다. 그래야 신명은 실제로 조직되기 때문이다.[2]

성속일여의 시간과 공간, 즉 굿성은 풍물굿의 중핵이자 여전한 근본 동력이다. 당대 풍물굿 재생의 아이스브레이커이다. 굿성은 풍물굿의 존재미학이자 당대 생성미학[3]인 것이다.

---

[2] 拙著, 『강원도 풍물굿의 아름다움』에서 부분 인용.

[3] 채희완은, 생성미학을 이렇게 얘기해준다(한국민족미학회 2015 추계학술대회). 풍물굿은 일 놀이 굿이다. 생활, 예술, 종교가 비분리되어 있다. 풍물굿의 이념과 양식, 표현매체와 연행공간 등의 총체성으로 하는 다양한 활동상이기에, 오히려 이들에 내재돼있는 혼연지일기(渾然之一氣)로서 그 발생적 에네르기의 생성 계기가 무엇인지를 살펴보아야 한다. '보이는 것과 보이지 않는 것을 동시에 가능케 하는 드러나지 않은 질서'에 대한 탐구가 생성론이라면, 근원생명의 활동상인 보이는 춤과 음악과 굿을 통해 드러나지 않은 생명질서를 궁리하면서 풍물굿의 생성론으로써 스스로 고무진신(鼓舞盡神)해 보는 것이다…. 산 채로 좇아가 분석이 아닌 전인적 해석으로 하는, 가시적인 것과 불가시적인 것을 통째로 얽어내는 통학문적 접근방식이 생성미학에서 유효하다.

02_그악스런 신명, 이완의 신명
– 보릿대춤

풍물굿이 마련하는 성속일여의 시간과 공간에 짓쳐들어갈 수 있는 에너지는 신명이다. 신명이 창출되지 못하면 굿으로 진입할 수 없다. 거꾸로, 굿성으로 담뿍 의례되어가는 절차를 잘 밟는 풍물굿에는 신명은 점차 쌓여져 뒷굿에서 대동신명으로 드러난다.

풍물굿은 기본적으로 몰입(沒入)을 필요로 한다. 동양어원적으로 이 몰입에 해당하는 말이 바로 삼매(三昧)이다. 굿은 이 삼매의 경지, 즉 성속일여(聖俗一如), 신인융합(神人融合)의 시간을 만들어 그리로 들어가는, 간절하고도 따뜻한 존재론적 삶 의례이다. 사람의 시간과 신의 시간이 같이 있는(大同) 경지를 열어 사람의 삶을 풍성하게 하는데 굿의 본디 덕목과 현실성(리얼리티)이 있는 것이다.

좋은 굿은 '예술적 주술'로써 이 몰입성을 만든다. 풍물굿이 많은 친근감과 영감을 주는 이유는 예술적 가치뿐 아니라 그것의 몰입성이 존재론 차원의 리얼리즘을 갖기 때문이다. 따라서 굿과 연관되는 예술 행위는 예술성 자체만을 목표해서는 깊은 굿성을 획득하기 어렵다. 이는 굿의 가장 기본적인 덕목인 자신과 사람과 세상에 대한 애정 행위를 고스란히 포기하는 일이 되며, 굿적인 언어력과 절차성을 보다 빼어나게 승화시켜내는 일이 아니라 주관적인 예술적 편집으로 될 확률이 높아지는 일이 된다.

그래서 풍물굿을 하는 굿쟁이들은 굿성으로 스스로를 살찌워내야 한다. 예술적 표현의 결과물만 가져와 예술적 재미에 국한시키지 말고 굿성의 총체적 깊이로 사람을 감동시키고 깨달음을 얻는 데까지 사고해야 한다. 그 핵심은 신명을 조직해내는 것이다.

신명을 심리학적으로 연구하는 한민은 신명을 다음과 같이 얘기한다.[1]

신명의 일반적인 특징은 강렬한 정서적 경험이라는 점이며, 빠른 속도로 집단에 전이되고, 신명이 전이된 집단은 일종의 문화적으로 약속된 무질서 상태를 통해 일상생활에서 하지 못했던 다양한 감정 표현들이 가능해진다는 것이다. 이러한 신명경험을 통해 사람들은 누적되었던 부정적 정서들을 배출하며, 그 같은 과정을 통해 활력과 능력감 등을 재충전하는 효과를 얻는다.

신명은 자기(혹은 집단)가치의 회복 및 확인에서 비롯되는 강렬한 정서 경험을 의미한다. 이러한 정서는 개인적 경험에서 그치는 것

---

[1]   한민, 『신명의 심리학적 이해』, 한국학술정보(주), 2008.

이 아니라 다른 이들에게 빠른 속도로 전이되는 특성을 갖는데, 신명을 경험하는 사람들은 그렇게 형성된 강한 공감대 내에서 기존에 누적된 부정적 정서나 표출될 수 없었던 욕구 등을 분출함으로써 해소 및 해방감을 느끼고, 긍적적 자기가치감 및 집단정체감을 형성할 뿐 아니라, 나아가 앞으로의 삶에 활력을 얻게 된다는 것이다.

신명은 한국의 역사·문화적 배경에서 형성된 문화적 정서이다. 집단신명은 괜히 신이 나서 생기는 것이 아니라 같은 계급의 울타리 속에서, 그리고 나름의 삶이 규율 속에서 일상을 주고받으며, 어려운 삶의 조건 속에서도 희로애락의 삶들을 공유해 내는 오랜 인간 관계 속에서 형성되는 것이다. 그러한 관계 속에서 살아가던 사람들은 곧 운명공동체로서 삶을 함께 한다. 이러한 집단신명을 늘 불러일으키고 삶을 재생시키고 공동체성을 살쪄나가게 하는 탁월한 기제가 바로 풍물굿이다.

대중들의 삶의 현장에서 다듬어져 온 풍물굿이 기본적으로, 그리고 핵심적으로 신명을 부르고 누릴 수 있었던 것은 사람 삶의 실재나 본 면목을 좇는 하나의 간절한 행위이기도 하였기 때문이다. 여러 가지 종교적 방식이나 전통수련 차원처럼 본질로 짓쳐 들어가는 것이 아니라 인간의 노래와 춤으로 스스로에서부터 스스로와 서로를 동원해내는 방법을 통하면서 세상 삶의 곡진함을 버리지 않았다. 세상의 시간과 실재의 시간을 같이 하려 했다. 정확한 현실 인식인 것이다. 희노애락(喜怒哀樂)과 신산고초(辛酸苦楚)와 우여곡절(迂餘曲折)로 이루어진 세상살이를, 차원 이동하여 다른 세상의 정신과 현실의 몸으로 이분되어 살아가는 것이 아니라, 현실 속에 사는 사람들의 실제 시간 속에서부터 성속일여(聖俗一如)를 한다. 현실 속에서의 간절한 바램이자, 할 수 있는 일이자, 나의 일이자 이웃의 일이 되며, 그 힘으로 사람의 시간만이 아닌 다른 시간을 만들어 그 두 가지의 시간을 가지고 그리 한다.[2]

풍물굿과 춤에서의 신명을 흐드러지게 얘기해주는 사람이 상정아[3]이다. 그는 한 학술발표회에서 발제한 「풍류와 신명」에서 신명을 사람에게 깃든 신성, 생성의 운동성, 대아(大我)로서의 신명 등을 풍성하고 확장되는 개념으로 얘기한다. 무엇보다 그악스러운 신명과 이완의 신명이라는 참신한 개념을 형성해서 신명의 예술적 영역을 확장시켜주었다. 그가 얘기하는 신명 속으로 들어가 보자.[4]

신명과 신바람은 나쁜 것을 떨쳐내는 기백이자, 세상의 가장 맑고 활기찬 기운을 습득하여 생명력을 강조하는 순간을 포착한 개념이다. 인간이 우주와 자연에 분리감 없이 스며들어 하나가 되는 현상이기 때문에 이를 쾌활하고 원기 왕성한 접신 상태와 유사한 것으로 볼 수 있을 것이다.

---

2)　　拙著, 『강원도 풍물굿의 아름다움』에서 부분 인용.
3)　　런던대 킹즈컬리지.
4)　　「풍류와 신명」, 2015 한국풍물굿학회 추계 학술대회.

서낭당에서 열리는 제의적 풍물굿에서, 마을 사람들은 춤을 추면서 농사가 잘 되기를 바라는 주술 행위를 하지만, 서낭신이 그렇게 해줄 수 있는 절대적 권능을 가졌다고 맹신하는 것은 아니다. 신명은 인간이 신다움을 자기 안에 간직하고 있는 상태로 볼 수 있다(사람에게 깃든 신성).

관객과 신바람의 기류를 이루게 된 연희자는 그 자신의 몸이 초자연적인 매개체가 되어 그 속으로 관통된 우주의 에너지를 교류시킨다. 이것이 한국적인 의미에서의 자연에의 동화이자, 신인합일(神人合一)이며, 생명에 대한 숭상이다. 신명은 춤과 노래가 외적인 양식(style)면에서 얼마나 정교한가에 따라 발현되는 것은 아니다. 자연스럽고 순박하고 허튼 듯한 연희의 여백에서 발견되는 것이 신명이다. 비가시적인 그 여백은 어떤 정지되지 않는 신비스럽고 일관된 흐름(flow)이 채우고 있는데, 그것은 연희자가 내적으로 고도로 섬세한 집중력을 동원하고 있다는 방증이다. 즉, 외면적 표현 기술의 밀도와 완성도가 아니라, 정신의 밀도와 완성도가 훨씬 높아서 생기는 것이 신명이다.

신명의 세계관은 인간 밖에 있는 신명과 인간 안에 있는 신명이 동등하게 합일을 이루어 우주의 생기에 깊게 감응하는 특성을 지닌다. 인간의 정신(精神)은 맑고 깨끗한 혼이라는 뜻으로 신(神)이라는 글자를 담고 있다. 이 단어는 신성이 인간에 내재한 것으로 보는 시각을 반영한다. 이는 자연을 인간과는 별도로 존재하는 유기적 통일체로 보는 근대 서구의 과학적 시각과 대립된다. 동양인은 그 자신이 환경이 되거나 환경 속으로 매몰됨으로써 자연에 동화된다. 그러한 자세를 통해 그는 우주와의 동일성(sameness)과 안전성을 확보한다. 그는 자기를 하나의 '개인'으로서 의식하는 자각이 없는 상태이다. 그러면서 사람과 사물, 생물과 무생물, 정신적인 것과 물질적인 것의 엄격한 구분이 사라진다. 그에게 있어서 자연은 극복 대상이 아니라, 교감하여 동화될 수 있는 대아(大我)에 더 가깝다.

상정아는 춤꾼 출신답게 한국춤을 주로 예를 들면서 신명을 말한다. 신명은 풍요로운 농사를 기원하면서 우주의 기운을 자세히 감지하는 가운데 생긴 정서일지도 모른다고 했다. 태양과 달의 다양한 운기를 일상 속에서도 잘 느낄 수 있는 자연환경이고 이것이 대대로 습성과 문화로 자리잡아왔기 때문에 하늘과 땅의 기운과 생명력을 고요하고 섬세하게 느끼는 춤으로 발전해왔다고 한다. 그래서 빛과 바람의 부피를 느끼며 그 속에서 두둥실 서 있는, 팔을 열어 바람을 가슴에 안고 있는 듯한 형상이 한국전통춤의 공통적인 실루엣이라고 한다. 그래서 정작 관건은 춤을 이끄는 동력이 되는 내면의 신성, 즉 신명이라는 보이지 않지만 강렬한 기운을 어떻게 뽑아내느냐의 문제라고 한다.

그리고, 풍물굿의 신명은 자꾸 그악스러워지는 면이 있다고 한다. 소리와 세기와 빠르기같은 박력에서만 찾으려 하면 풍물굿은 주장처럼 들려서 자유를 잃고 삼라만상과 절연된다. 활기찬 집단적

생명력, 자유롭고 고조된 흥풀이, 어우러짐을 통해 공동체 및 우주
와의 이상적인 합일을 하는, '신명의 이완'과 여유를 새삼 가져야 한
다고 한다.

그가 '산 채로 좇아가 분석이 아닌 전인적 해석으로 하는, 가시
적인 것과 불가시적인 것을 통째로 얽어내는 통학문적 접근방식',[5]
곧 생성미학으로 애기하는 신명 개념들이 풍물굿의 굿성을 가장 정
확하게 드러나게 해준다. 나아가 풍물굿이 인접장르와 잘 접속하여
부분적으로 교집합을 만들거나 습윤하거나 융합하게 해주는 즐거
운 상상을 하게 해준다. 풍물굿이 이완의 신명을 잘 소화해서 내화
시킨다면 풍물굿의 신명은 보다 더 깊어질 것이다. 그래야 요즈음
풍물굿판에서 거의 없어진, 신명춤의 정수인 보릿대춤이 다시 살아
올 것이다.

'풍류스러운'[6] 춤을 풍물굿판에서 볼 수 있는데, 보릿대춤이 그런
바람의 춤이다. 바람에 보릿대가 깐닥깐닥 흔들리는 것 같이 춘다
해서 보릿대춤이다. '다음백과사전'에서는 보릿대춤은 허튼춤의 하
나로 발동작 없이 양팔을 굽히고 손목을 젖혔다 뒤집었다 하며 좌
우로 흔들며 추는 춤이고, 보릿대처럼 뻣뻣하게 춘다고 하여 붙여
진 이름이라고 한다. 도굿대춤도 있다. 도굿대춤은 일정한 형식이

---

5)　　채희완, 「풍물굿의 생성미학적 접근」, 2015 한국민족미학회 추계학술발표대
　　　회 자료집.
6)　　풍류에 대해서는 다음 장인 '동북아 굿성으로서의 풍류' 참조. 풍류의 미감은
　　　떨림 울림, 바람, 결이다.

없이 주로 팔만 벌리거나 몸의 마디만 움직이거나 또는 아래위로만 움직이며 자기 나름대로 자유롭게 추는 춤이라고 정의한다. 보릿대 춤과 비슷한 모양새이다. 정형화된 춤이 아니고 제멋대로 추는 춤이고 즉흥 춤[7]이다. 아무 형식도 없이 그저 제 흥과 신명에 겨워서 춘다.[8]

잘 익어가는 풍물굿판에는 영락없이 보릿대춤이 들어온다. 치배 중심의 앞굿이 대동신명을 풀무질해놓으면 뒷굿에서는 어김없이 이 아름다운 춤들이 나온다. 아주 간단한 몸짓과 손짓으로 장단을 이리저리 넘나든다. 매 장단에 맞추는 춤이 아니라 전체 장단의 흐름에 몸을 맞추는 춤이기 때문에 사실 장단(의 최종목적)에 제일 잘 맞는 춤이다. 겉보기에는 전혀 장단과 상관없거나 심지어 틀리게 추는 듯이 보인다. 장단에 맞추는 것이 아니라 그야말로 장단을 탄다. 장단을 바람삼아 흘러 다닌다. 보릿대처럼 바람에 몸을 싣는다. 장단

---

7) 상정아는 즉흥 춤을 다음과 같이 얘기한다. 신명은 즉흥성을 가장 큰 특징으로 한다. 즉흥이란 무엇인가? 그것은 예측불허성이며, 자기가 느끼는 우주에너지에 대해 순간적으로 자동반응을 보이는 현상이다. 즉흥의 순간에 자기(self)는 없어진다. 즉흥은 집단적 고취를 북돋운다.

8) 보릿대춤은 요즘 빠른 비트에 맞춰 추는 관광버스춤, 즉 단순 정형화된 춤과는 거리가 멀다. 이 춤들은 장단에 딱딱 맞춰 추는 단순한 흥풀이 춤에 가깝다. 장단을 넘나들며 스스로 자유로와지지 않는다. 바람을 타지 못한다. 속신명이 없기 때문이다. 근대적 공동체에서 문화의 중심으로서 살아왔던 근대풍물굿에서 놀아본 세대, 바람을 타본 기억과 경험이 있는 세대에서만 가능한 춤이 보릿대춤이다. 이 춤이 다시 문화되기 위해서는 우리 시대의 감수성과 가치를 호출하여 신명으로 이끌어내는 '큰굿'의 경험들이 다시 새삼 축적되어야 한다.

보다 먼저 가기도 하고, 뒤따라가기도 하고, 넘기도 하고, 엇지르기도 하고, 미끄러지기도 하고, 삐치기도 하고, 펴기도 하고, 옹송거리기도 하고, 뛰어가기도 하고, 기다리기도 하고, 밀치기도 하고, 맞춤하기도 하고, 안기도 하고, 걸치고 다니기도 하고, 뒤 쫓아오게 하기도 하고, 살짝 흘려놓기도 하고, 먼저 보내기도 하고, 저 멀리 놓아두기도 한다. 영락없이 바람 모양새다. 바람이 이리저리 마음대로 부는 것처럼 춤도 그리 장단을 타면서 그저 흘러 다닌다.

　제대로 잘 익어가는 풍물굿판에서 집단무의식의 신명이 만들어져야만, 그 과정에서 신명이 고양된 사람들만 출 수 있는, 인간 존재 차원에서 아주 고급스러운 춤이다. 정형화된 춤을 훈련하여 나온 춤이 아니라 신명으로 숙련된 춤이다. 정형화된 예술춤 시각에서 보면 단순하고 딱딱하다고 하겠지만, 심지어 못 추는 춤으로 여기겠지만 속 신명으로 추는 춤이라 오히려 깊고 풍부하고 바람처럼 편하고 자유스러운, 아주 잘 추는 춤이다. 춤을 추는 사람이 자연으로 되는 순간들이다. 자연은 스스로 그러하기이다. 세상 근본 언저리에서 하는 명상 상태가 되는 것이고 그런 기쁨의 춤이다. 몸과 마음이 일여(一如) 되어 자신의 근본에서부터 스스로 나오는 춤이다. 장단과 절름거리면서 성과 속의 시간 두 개를 다 취하여 성속일여되는 제대로 된 신명의 춤인 것이다. 이런 보릿대춤은 사실 우리 민속춤의 기본 바탕이었고 상고대 제천(祭天)의 춤으로부터 그 정신이 유래되어왔다.[9]

---

9)　민속춤의 발생은 고대사회의 사회적 배경에서 살필 수 있다. 고대 공동사회

답지저앙(踏地低昻), 수족상응(手足相應)[10]의 춤인 것이다. 몸을 들썩여 춤을 추어 몸 안의 신명이 몸을 타고 땅에서 하늘로 올라가게 하는 답지저앙의 춤, 그 오금질로 손과 발이 바람을 통해 상응하는 수족상응의 춤이다. 깐닥깐닥 상응한다. 바람처럼 편하고 자연스럽게 이리저리 떨고 울린다.

는 제사와 정치가 분리되지 않은 제정일치(祭政一致)의 사회였다. 정월과 5월 파종기, 10월 수확기에 제사의식이자 민중들의 축제인 제천의식이 열렸는데 부여의 영고, 고려의 동맹이 그 예이다. 이러한 의식에서는 제사장이 신과 인간을 교류시키는 춤을 추었을 것으로 보이는데 이것이 무속춤의 기원이며 민속춤의 뼈대를 이루었다고 할 수 있다.

10)   『三國志』「魏志東夷傳」, 郡聚歌舞飮酒(군취가무음주) 晝夜無休(주야무휴) 其無數十人(기무수십인) 俱起相隨(구기상수) 踏地低昂(답지저앙) 手足相應(수족상응) 行道晝夜(행도주야) 無老幼皆歌(무로유개가) 連日聲不絶(연일성부절).

03_큰 굿과 더늠, 굿의 훈령, 서리화
– 우리 시대 굿성의 재생 노력(텍스트 차원)

풍물굿은 기본적으로 리얼타임의 소통구조를 가진다. 어떤 텍스트를 롤플레잉(roleplaying)을 하는 것이 아니다. 풍물굿은 무굿처럼 신탁의 능력은 없지만 노래와 춤이라는 홍익(弘益)의 상호 소통 기제가 있다. 노래와 춤은 인류가 사람뿐 아니라 뭇 생명들과 사귀고 조화롭게 살기 위해 늘 발전시켜온 오랜 기제인 것이다. 인류 최고의 유산인 것이다. 게다가 우리 민족에게 노래와 춤이라는 원형적 의미는 자신과 이웃과 모든 생명 있는 것들에 대한 감사의 행위였다. 이 원형의 힘으로 풍물굿이 널리 신명을 내고, 대중들의 삶의 희노애락 속으로 자연스럽게 들어가고 사귈 수가 있는 것이다.

풍물굿은 존재 근원을 파고드는 기본 기제를 가지고 있지만, 늘 당대적인 감수성과 가치관과 조우하면서 더늠되어 왔다. 풍물굿은 삶의 세시풍속으로서 실제 삶과 분리될 수 없었던 것이다. 우리 시대에도 마찬가지이다. 풍물굿이라는 문화예술 양식으로 당대적으로 소통하기(텍스트 차원), 그리고 그것을 실제적으로 가능하게 하는 굿의 놓일 자리(콘텍스트 차원) 마련, 이 두 가지가 같이 되어야 굿성의 당대화는 출발된다.

근대 양식의 풍물굿이 우리 시대에도 재미와 감동으로 소통(거의 괴멸의 과정을 겪었기 때문에 실제적으로는 재생)되는 일의 요체는 물론 굿성의 당대화이고, 방법은 텍스트와 콘텍스트가 같이 진화되는 일이다. 그리고 텍스트 차원에서의 핵심은, 늘 근원적 되새김질로서 기여했던 큰굿이라는 베이스캠프를 우리 시대에도 여전히 조성해야 하는 일이다.

큰 굿과 더늠

큰 굿[1]이란, 마을굿(정신)을 기반으로 풍물굿이 세상에 할 바를 다 해보자는 굿판이다. 주지하다시피 마을굿은 풍물굿의 원형적 질을 가장 필요충분하게 지녀왔고, 지금도 여전히 충분하게 잠재되어 있다.

큰 굿은[2] 규모가 크다라는 것이 아니라 '규모의 미학'이 있다는

---

[1] 큰 굿에 대한 글은, 2015년에 "바람, 굿"이라는 큰 굿을 조직해낸 모임에서 발제되고 논의된 것을 정리한 글이다. 40대 전후의 전문 굿쟁이들 서른 명 정도가 근 3년여를 매월 만나서 축적시킨 힘으로 좋은 큰 굿판을 벌여보았다. 어쩐 일인지 이전까지 큰굿은 많이 이루어지지 않았다. 풍물굿의 새로운 재생의 교두보를 마련하였다고 여겨진다.

[2] 큰굿은 현장에서는 굿을 크게 한다는 의미로 쓰기는 하지만 이 글에서는 '본디 모습대로 전모가 다 있는 풍물굿'이라는 뜻으로 조어했다. 이 글에서 의도하는 정확한 개념은 풍물굿이 맞는데, 굿의 전모가 다 있는 풍물굿이 적어져 사람들에게 익숙해지지 않아 왔고, 여타 파생된 장르에도 이 용어가 사용되어서 원래

것, 즉 그런 규모가 아니면 안 되는 독특한 양식의 미학이 있다는 것이다. 부분이 아닌 전체, 즉 전모가 있다라는 것이다. 그리고 그런 미학만이 본디의 굿적 소통구조를, '잘' 살아가고 싶다는 갈망의 원천을 확실히 열어준다.

원형, 굿적 소통이란 '굿性'을 일컫고, 굿성은 반드시 성속일여(聖俗一如)를 창출하여야만 신명(神明)을 직조해낼 수 있고, 그것을 통해 세상살이의 희노애락과 신산고초는 정화(精華)되고 미래 삶의 근기(根機)로 작용한다. 성속일여는 존재론적 현실, 즉 살아있는 리얼리티이기 때문이다. 이것을 인식하고 느끼고 품어야 세상은 보다 근원 차원에서 따뜻하게 진화된다. 세상은 늘 그래왔다. 좋은 굿은, 좋은 큰 굿은 세상의 본질, 즉 실재(實在)를 만나자는 절절하고 가슴 벅찬 성속일여의 길(굿)인 것이다. 노래와 춤의 서원(誓願)으로 통과의례되어 '잘' 살고 싶은 것이다.

우리가 지금 큰 굿을 새삼 환기하자라는 것은, 풍물굿이 문화예술 양식(text)으로도 쇠잔해져가고 있고, 나아가 풍물굿이 놓일 자리(context, 당대 사회문화적 문맥)에 대한 모색과 전투력도 현저히 떨어지고 있기 때문이다. 그래서 뭔가의 위기 의식을 느끼기 때문이다.

그래서 원시반본(原始反本)하자는 것이고, 풍물굿의 전모가 있고 고갱이가 여전히 잠재되어 있는 큰 굿을 다시 추스려보자는 것이다. 막히면 원형으로 돌아가야 한다. 근본의 힘에 대해 마음과 정성

_____

의 뜻으로 주장을 하는데 선명하지 않아 부득불 사용한다. 편의상의 명칭이고 과도기가 짧게 될 수 있도록, 좋은 풍물굿이 대중에게 많아졌으면 한다.

으로 침잠하고 되새김질해야 뭔가 새로운 기운이 다시 시초된다.

사실, 우린 얼마동안 '작은 공연'(풍물굿 형식의 부분적 차용과 그 변이)과 그것의 예술적 변형에 일정 정도 경도되어 있느라고 큰 굿에 대한 모든 아름다웠던 기억을 점차 퇴화시켜 왔다. '작은 공연'은 큰 굿의 부분을 그대로 차용할지라도 기본적으로 갈라(gala)이다. 특화시킬지어도 늘 전모와 같이 있어야 그 '작은 공연'도 유의미하게 사는데, 불행히도 그 활성화만큼 큰 굿의 바탕과 근원 의식은 그렇게 동반되지 못했다. 이러한 밑천 없는 디스플레이는 주지하다시피 굿의 빈한함을, 우리 사유의 빈곤함을 가중시켰다. 왜냐하면 사람의 삶은 늘 존재 차원으로 점검되기를 스스로 원하기 때문이다. 삶의 밑천에 대한 환기는 그 자체 존재 이유이기 때문이다.

물론 굿의 예술적 변이와 다른 양식으로의 차용은 좋은 실험이다. 예술성으로 파생되어 어떤 면은 메타되거나 유사 장르로 발전하기도 한다. 앞으로도 변화하는 대중의 감수성과 가치 지향점에 호소하는 이런 실험은 다기하게 일어나야 한다.[3] 단, 밑천 없이 하는 공연예술, 즉 갈라로만 가서는 점차, 잘해야 상투성으로 도배한 'B급 영화'같은 대접을 받게 될 확률이 높다. 예술과 굿의 생명이자 존재 이유인, 당대적 가치와 감수성을 따뜻하게 진작시키는 일,

---

3) 풍물굿에서 파생된 여타 양식들은 많이 생산되고 향유될 수록 좋다. 풍물굿(큰굿)과 동심원, 교집합을 하며 외연을 넓히면서 상생하면 된다. 그리고 절절한 하나의 이유는, 한국에서는 예술 활동만으로는 먹고살기 힘든 것처럼 풍물굿도 마찬가지이다. 혹 최악의 경우에 대중의 감수성에 추수할지라도 부지런히 외연을 넓히고 실험하며 먹고살아야 한다.

그리고 미래 삶에 대한 벅찬 예감을 전혀 생산하지 못하기 때문에 더욱 그러하다. 당연히 유산 써먹기로 퇴행되며 상투화될 것이다. 유산의 원형을 당대의 감동으로 현현(顯現)해내지 못하고, 이리저리 편집하여 나열하면, 굿으로서의 생산가치가 나올 수 없다. 대중은 재미있다고, 혹은 볼거리가 된다고 박수 쳐줄지언정, 스스로부터 감동을 하지 못한다. 근원을 건드리지 못하고 깨달음을 우려내지 못하기 때문이다. 예술의 가장 깊은 덕목인 감동과 깨달음의 영역은 사실 실재의 영역과 접점을 가져야만 창출된다. 삶의 근본 영역을 건드리지 못하는데 어떻게 사람을 감동시킬 수 있겠는가. 예술양식만이 아닌, 당대 삶의 총화가 응축되어가고 있는 문화양식으로 절차를 다한 전모가 있는 굿이 문화(文化)되어야 한다. 문화적 동의 수준이 이미 존재해야 한다. 바탕 되어 있어야 한다. 그래야 갈라는 기쁨의 잔치가 된다. 별미(別味)의 감동과 기억의 동의 수준을 높이는 문화적 동질성이 획득되어지는 것이다.

큰 굿이 되기 위해서는 부단한 더늠을 해야 한다. 당대적 미학과 가치관을 가지고 부단히 이지신(而知新)이 되는 공동창작이 진행되어야 한다. 근대적 굿의 유산을 그대로 재현만 해서는 우리시대 큰 굿이 될 수 없다. 특히 풍물굿에서 온고이지신의 이(而)는 그리고, 그러나, 그러므로를 다 함의한다. 늘 가져야할 미학적 태도인 것이다.

풍물굿은 언제나 그렇듯이 지금도 더늠의 시기이다. 더늠 의식으로 온고(溫故)의 방법론과 미학을, 그 상황과 조건을 문화로 확충

하면서 만들어 나가야 한다. 온고란 옛것의 보존이 아니라 전통의 정신을 제대로 익히자는 것이다. 그 제대로의 태도란 기본적으로 정신사를 아우르는 당대성을 이른다. 풍물굿에서 온고이지신의 핵심은 더늠이다. 더늠의 정신이자 그것의 미학적 행동양식이다. 그러한 총체로서의 관점과 실천 수순이 없다면, 온고와 지신이 당대성으로 관계맺는 것은 요원해진다. 따라서 온의 미학도 생겨나지 않는다. 옛것은 살아있는 것으로 보아야 한다. 그래야 옛것의 살아있는 부분이 보인다.[4]

우리가 추스릴 큰 굿의 요체는 마을굿(정신)이다. 굿성의 본디 소통구조인 것이다. 삶과 (유한)존재의 절절함이 만들어낸 세상 사귀기, 즉 소통인 것이다. 마을굿 정신으로 큰 굿을 새로운 세시(歲時)로 형성하고 부단히 더늠을 해야 한다. 큰 굿은 공연예술이라는 양식 자체의 차원이 전혀 아닌 것이다. 사람의 영혼과 영성을 건드리는 그런 원시성의 힘을 가져야 한다. 굿을 이루려는 모든 사람이 과정부터 그렇게 소통해야 한다.

물론, 근대적 공동체의 굿을 그대로 재현하자는 것이 아니다. 그 가치관에 기반한 마을은 거의 해체되었고, 그런 문화적 환경이 없는 조건에서 근대적 마을굿을 그대로 재현하는 것은 당연히 의미도 없고 당대 세상살이를 하는 사람들에게 전혀 감동과 깨달음을 줄 수 없다. 가치관, 사유 방식, 감수성, 생활 태도, 사물과 세상에 대

---

4)   拙著, 『풍물굿연구』, 학민사, 229쪽.

해 관계 맺는 방식 등 삶의 전 부면에 걸쳐 그러한 굿적 소통구조는 점차 사그라들었기 때문이다.

그래도 새삼 큰 굿은 '우리시대의 마을굿'이어야 한다. 우리 시대의 마을은 그러면 어디에 있는 것인가? 그런 유형, 무형의 다기한 새로운 마을, 사람이 존재태(態)로서 사귀는 마을은 어떠해야 하는가? 어떻게 진득하게 사귀어 들어가야 하는가? 그런 마을이 우리 당대에 만들어지는데, 풍물굿은 어떻게 접점을 형성해야 하는가?

굿의 훈령 – 당대 더늠 하나

2015년에 벌어진 큰 굿인 '굿 바람'은 여러 가지 더늠을 조심스레 시작하였다. 도둑잽이굿의 새로운 연희화, 서리화 대동놀이, 기도깃발 환경 등. 그 중에 좌도굿 치배들이 쓰는 전립과 상모의 훈령끈을 '새삼' 달자는 것이 누군가에 의해 제기되었다. 그동안 훈령끈은 다소 거추장스러운 치장 정도로 인식되었다. 훈령끈에 대해 주장되는 논리는 근대 군악의 영향을 받은 풍물굿이 그러했으니 충실하게 재현하자는 정도이다. 이렇듯 훈령을 하는 이유가 없는 단순 치장물인 훈령끈에 대한 당대적 의미가 새로이 제기되었고, '제대로' 달기 위해 2015년도에 치른 큰굿의 더늠으로 적용되었다. 다음 글은 훈령끈의 당대화에 대한 필자의 발제문이다.

이번 큰 굿에 치배들 모두 훈령끈을 달자라는 누군가의 제안에 대해 저는 이렇게 받아들입니다.

훈령(訓令)의 훈(訓)은 가르칠 훈, 길 순의 뜻을 가지고 있습니다. 모양도 말씀과 화평함(言)이 흐릅니다(川). 길이지요. 그리고 가르치다는 무엇을 깨닫게 하다라는 뜻을 내포하고 있습니다. 우리 민족에게 깨닫는다는 것은 보통 만물의 이치, 세상살이의 근본 차원을 일컫습니다.

령(令)은 하여금의 뜻입니다. ~로 하여금.

일방적으로 흐르는 게 아니라 누구나 영을 낼 수가 있지요.

훈령이라는 원래 뜻은 세상살이의 근본이 ~로 하여금 흐르는 길이 됩니다. 계급사회(관료, 군대 등)의 위계질서 차원, 즉 위에서 아래로 일방적으로 전달되는 '명령'이라는 의미로만 협소하게 쓰여지는 시대 때문에 원래의 뜻이 좀 퇴색되어 왔습니다.

우리 굿판에서 영를 내릴 때 '훈령수~' 하지 않고 대부분 '술령수~' 하는 이유는 사투리가 아니라 '길 순'의 의미가 강조되는 올바른 표현이라고 여겨집니다. '술'은 '순'의 음운규칙(유음화)으로 발음되구요.

따라서 굿판에서 술령수, 훈령끈, 영기는 세상 근본이치를 깨닫는 길의 징표가 됩니다. 조선 말기 병농일치 사회에서 군악, 군의례 중 근사하거나 의미 있다고 여겨지는 것을 가져와 당대 굿쟁이들이 구체적 세상살이의 굿판에서 이렇게 승화·발전시켜 놓았습니다. 멋있는 일이지요.

조선검은 심치술(心治術) 정신을 갖고 있습니다. 마주하는 적의 마음을 이미 움직이는 힘입니다. 따라서 조선검은 살인하는 도구를 넘어서서 활인검(活人劍)이라 칭해집니다. 그래서 검도라는 '道(길, 이치, 근원)' 차원으로까지 발전되었고 그에 맞춰 검을 수련(자기 성찰)으로 받아들입니다. 지금도 검도가 수련되지요. 심지어 검무라는 의례예술로도 발전시켜 왔습니다. 죽음을 삶으로 정화하고 성찰하려는 춤이 검무의 본질입니다. 기생들이 검이라는 소재를 가지고 단순히 흥을 돋우는 춤이 아닙니다. 그래서 정재로 의례 연희되었겠지요.

따라서 우리가 굿으로 받아들이는 슈(술령수, 훈령끈, 영기)은, 죽음을 부르는 병장기와 전투의 영, 권위가 일방적으로 흐르는 영이 아니라, '노래와 춤으로 하여금'이라는 영이 됩니다. 노래와 춤은 태동부터 존재 근원에 대한 그리움이자 의례행위이지요. 게다가 우리 민족은 지독하게도 노래와 춤을 즐겨왔고, 그것은 자신과 이웃과 모든 생명 있는 것들에 대한 감사행위였습니다. 이것을 굿이라고 합니다. 그 총화가 마을굿이구요. 그 전위가 굿쟁이들입니다. 사제들이지요.

근래 힐링이라는 말이 생활 깊숙히 들어왔습니다. 누가 시키지도 않았는데 대중들이 스스로 삶으로 받아들이고 있습니다. 뭔가 지금의 삶이 모자르다고 여기기 때문입니다. 그래서 힐링이란 세상살이만 갖고는 안된다라는 표현이자 존재근원에 대한 자기성찰, 그 근원의 힘을 챙기자는 뜻입니다. 근원과 현실이 같이 있는, 즉 성속일여의 시공간 속에서 살고 있다는 것을 점점 더 알아차리는 것이지요. 그래서 스스로 힐링하려 하고 더 나아가 영성으로서의 삶으로 진화하려 합니다. 대중의 감수성과 가치관은 이렇게 영성의 존재로서 보다 빠르게 진화하고 있습니다. 성속일여의 존재라는 것을 점점 더 실감하고 있는 것입니다.

우리의 굿이 당대성을 얻기 위해서는 이런 대중의 존재 차원의 진화 욕구와 만나야 합니다. 이 차원으로 잘 놀아야, 놀아주어야 합니다.

굿쟁이니까.

이번에 치배들이 '훈령끈을 달자'라는 것은 근대풍물굿의 군악설 차원에서 영향 받은 것을 아무 생각 없이 그대로 따라하자는 것이 아니라, 우리 시대 삶의 신산고초와 희노애락을 위해 우리가 어떤 '노래와 춤의 영'을 내릴지 성찰하고 그 깊이만큼 우렁차게 자임하자는 의미라고 저는 생각됩니다.

그래서, 제안 하나.

신해철과 세월호 아이들

아시지요?

마왕 신해철과 세월호 아이들입니다.

모다들 눈물을 버쩍이게 만드는, 당대 페이소스로 지극히 아름다운 일러스트입니다.

이번 저희 굿판도 이리 되었으면 좋겠습니다.

지금은 국민 모두가 세월호가 준 여러 가지 상념에 깊숙하게 젖어있습니다. 감수성부터 가치판단 차원까지 아주 어려운 시기입니다. 이 시간들을 힘겹게 통과하며 당연히 우리 삶은 한 차원 진화됩니다. 굿쟁이들도 당연히 좋은 통과의례의 시간을 만들어야겠지요. 지금 우리 시대의 마을은 세월호 마을이라 여겨지고 우리는 우리 나름 그런 마을굿을 쳐야한다고 생각해요.

지금 우리 말고 여러 풍물굿쟁이들이 굿을 하고 있습니다. 서울부터 진도까지 굿치며 걸어가기도 하고, 추모판굿 자체를 만들기도 하고, 팽목항에서 만가를 부르고 춤을 추고 있기도 합니다. 우리가 하려는 이 4월의 큰 굿은, 우리가 잘 할 수 있는 것(늘상 하던 것)으로 우리 식의 마을굿을 하자라는 것입

훈령끈의 예

기도깃발의 예

니다. 굿의 원래 속성을 보다 많이 가지고 하자는 것입니다. 즉 굿의 전모를 가지고 당대 세상에 할 바를 한 번 다하자는 것입니다. 노래와 춤의 굿성으로 '잘 놀자(근원성찰)'는 것입니다

　이것이 '큰 굿'입니다.

　이것이 굿의 시대정신입니다.

　그래서 제 제안은 '노래와 춤의 슛'으로서의 훈령끈에 작은 '시대 징표'를 달았으면 합니다. 노란 리본 하나.

　우리 스스로 우리 큰 굿의 슛을 흐르게 하자는 것입니다. 세월호의 아이들을 초대하고 내 몸에 모시고 굿을 했으면 합니다.

　아! 물론 겉보기 모양새는 늘 하던대로 우리 굿을 치면 됩니다. 단 하나 '우리시대 노래와 춤의 슛'을 상념하면 되겠지요.

　그리고 '기도깃발'도 몇 줄 정도만 현장에 달았으면 해요. 오색깃

발 몇 줄, 노란깃발 몇 줄 정도. 기도깃발은 떨림, 울림, 바람, 결을 상징합니다 (風流). 영성이 내려오는(영성을 만나러가는) 길이 되어 흐르지요.

아이들도 올겁니다.

서리화 – 당대 더늠 둘

서리화가 풍물굿의 대동굿판에 들어오면 위력한 힘을 발휘한다. 누구나 한 두 개를 들면 스스로 춤을 추어댄다. 두 손을 들어 보릿대춤을 추었던 경험과 기억이 없었던 요즘 사람들은 손을 들어 춤을 추기를 영 쑥스러워 한다. 그래서 마음은 있지만 풍물굿판의 뒷굿에 썩 들어서기를 주저하는 편이다 그런

굿의 훈령

데, 이 서리화만 들리면 마구 추어댄다. 풍물굿의 보릿대춤의 역할을 이 서리화춤이 계승한 것처럼 아주 좋은 뒷굿의 기제가 된 것이다.

> 황해도 굿에서 쓰는 장식물의 일종. 얇은 나무가지에 흰 종이를 오려 붙인 장식물. 서리(露)를 닮은 꽃이라는 의미. 대개 굿상의 시루 위에 꽂아 굿상을 장식하고, 경우에 따라서는 서리화에 정화수를 묻혀 굿판의 단골을 뿌리면서 축원하는 기능을 하기도 함.(문화콘텐츠닷컴 용어사전)

무굿에서는 이 서리화를 주로 떡시루에 꽂아둔다. 풍물굿 입장에서 보면 작은 당산나무군락들이자 낭기(서낭깃발)이다. 풍물굿에서는 굿을 시작하기 전에 반드시 공동체의 당산나무나 좋은 기운터에 가서 그 기운을 낭기에 받는다. 그것을 앞세우고 마을굿을 친다. 동네샘굿이나 집집마다 지신밟기할 때 앞세우고, 판굿에서는 동청마당 낭기대에 꽂아둔다. 굿이란 사람만의 일이 아니라 하늘과 사람이 같이 하는 일이기 때문이다.

우리 속담에 '소꼬리 잡는 놈이 임자'라는 말이 있는데, 이는 소꼬리를 쥔 사람이 임금이라는 말이라고 한다. 조성제[5]의 『산해경』에 따르면 모우(旄牛)라는 흰 소를 잡았고, 그 꼬리로 만든 모기(旄旗)를 꽂고 춤을 추었다고 한다. 그 흔적이 지금도 무당들이 손에 든 부채꼬리에 남아 있고, 풍물굿판에서는 그것을 모자 위로 올렸

---

5)　　『무속에 살아있는 우리 상고사』, 민속원, 2005.

기에 상모(上旄)라고 한다고 한다.[6] 그 모(旄)라는 깃발을 꽂는 의미가 전해져 내려와 우리시대에 흔적으로 남은 것이 바로 서리화이다.

풍물굿의 낭기가 당산나무를 대행한다면, 서리화는 공동체 구성원 각자 마음의 당산나무가 모인 산(堂山)이 된다. 공동체 각 구성원의 '내 마음의 당산나무'가 모인 '성속일여의 꽃'인 것이다[7].

우리가 우리 시대의 풍물굿으로 추스릴 것 중에 먼저 유심히 되새김해야 할 것은, 뒷굿의 재생과 '재능기 영산 정신'이다.

풍물굿 연행은 대부분 판굿의 앞굿을 칭한다. 치배들 중심의 의례성과 주제 의식이 강한 영역, 즉 통과의례의 절차 중심이다. 뒷굿은 당산굿부터 출발되어 온 과정이 결국 목표지어진, 마을 전체가 하는 대동(大同) 신명이다. 치배들의 연행이 과도하게 특화되면서 언젠가부터 풍물굿에 반드시 어우러져야 하는 대중들이 점차 소외되었고, 그만큼 그 연행은 볼거리로 상투화되어간 점을 점검해보아야 한다. 우리 굿판에 대중들이 자발적으로 썩썩 나서는 춤과 노래가 어느덧 없어졌다는 것이다. 굿적으로 참으로 슬픈 현실이 도래

---

6) 『강희자전』에 보면 旄旄牛尾舞者所持以持麾(모모우미무자소지이지휘)라는 기록이 있다. 모는 모우의 꼬리이고 춤을 추는 자는 일정한 지위를 가지고 이를 휘두른다…. (고조선 시대) 무당들이 모기를 꽂고 쇠꼬리를 휘두르며 자신의 위치를 지키기 위하여 춤을 추며 굿을 하였다…. 그 당시 모우를 휘두르는 유습은 오늘 날 풍물패들이 쓰는 전립의 상모에 그대로 남아 있다. 상모란 모자 꼭대기에 달린 쇠꼬리라는 뜻이다. http://blog.naver.com/prologue/PrologueList.nhn?blogId=muam777

7) 이런 의미로 서리화를 우리 시대 춤판에 끌어드린 사람이 춤꾼 이진희였고, 필자가 이 뜻을 풍물굿판에 끌어들여 서리화춤이라는 대동 뒷굿의 기제로 사용하였고, 최근에는 몇몇 풍물굿에 이 서리화가 조금씩 들어오고 있다.

서리화

한 것이다. 귀에 들리고 눈에 비치는 선율이 아니라, 자신이 살아온 내력이 잠재되어 바탕 된 각 개성 나름의 속 선율로 자신을 바람결로 타게 하는, 바람의 춤인 보릿대춤이 언젠가부터 우리 주위에서 없어진 것을 잘 헤아려 보아야 한다. 풍물굿의 핵심은 결국, 전체 구성원의 실제적 대동인 것이다.[8]

---

8)　가산사 단군제 때, 굿연구가인 박흥주는 뒷굿을 아주 잘 얼러냈다. 오랫동안 같이 굿을 벼려왔던 군고팀을 끌고 쇠를 잡으면 참여자 전부를 춤추게 하는, 단박 대동현장을 만들어낸다. 박흥주가 단군제 때 굿판에 모시는 '윈디시티'도 뒷굿을 출중히 만들어낸다. 진안굿을 치는 한종철과 박상순은 아예 뒷굿만 치는 모임을 만들어내었는데, 예전 방식의 신명을 조금씩 확장시켜내고 있다. 무엇보다 영동지방 풍물굿은 앞굿과 뒷굿의 구별이 아예 없는 신명을 만들어낸다. 짧은 시간 동안에 모든 치배가 탈진할 정도로 그리 한다.

재능기영산은 그런 대동을 위한, 자세 번듯한 멋진 기제이다. 굿판의 구성원들 모두를! 빠짐없이! 각 개성으로 춤을 추게끔 한다.

알다시피 재능기영산은 좌도굿중 필봉농악에 있는 구정놀이판이다. 요즈음 대회농악이나 무대공연에서 하는, 출중한 볼거리 기량을 가진 한 두 명의 개인놀이가 아니라 풍물굿판의 모든 치배, 나아가 풍물굿판에 참여하는 모든 공동체 구성원의 개성을 다 춤추게 하는 최고의 굿거리이다. 즉흥으로 화려한, 개인맞춤형 가락 시스템을 갖고 있다. 앞굿에서부터 축적되어온 신명들이 결국 도달한 최종 목표된 아름다운 굿판이다.

양순용 상쇠가 쇠를 잡은 풍물굿판에는 어김없이 이 재능기영산판이 벌어졌다. 사실 양순용이 주재하는 굿은 모든 굿의 절차를 사실 이 재능기영산을 위하여 조직해낸다. 양순용 상쇠는 자기 마을에서 굿을 치건, 걸립 나가 다른 공동체에서 치건, 대부분 오랫동안 자기 굿판에서 노는 사람의 '굿 성격'을 잘 알고 있다. 어떤 장단을 좋아하는지, 어떤 대목에 잘 추는지, 어느 대목에 넘겨야 신명이 잘 고양되는지, 어느 때에 불러내야 하는지, 몰아부쳐주어야 하는지, 됨됨이대로 실컷 놀게 해주어야 하는지, 겉신명밖에 없으면 언제 잘라야 하는지, 누구와 같이 놀게 해야 하는지, 중간 언제에 짧은 신명덩어리를 만들어 모두 같이 어울리게 해야 하는지, 다시 또 누구를 불러내야 하는 게 맞춤한지… 등을 조율한다. 최고의 굿 지휘자인 것이다. 제대로 굿을 하는 최고의 상쇠인 것이다. 이 힘을 가지고 대동판을 만들고 공동체구성원은 신명으로 밤을 새울 수 있었다.

　　오랜 시간 사람들의 대동 과정을 겪어오면서 숙성시켜온 번듯한 가락들이 다시금 현재진행형으로 진화하면서, 갓 지어진 밥처럼 따뜻하고 아름다운 풍모의 '삶의 격'이 있는 현장을 새삼 다시 창출한다. 그 곳에서 춤도 익고, 그 춤을 받는 가락도 또 진화하고, 사람들은 존재의 기쁨으로 승화된다. 그러면서 서로를, 세상을 더욱 깊게, 절절한 재미로 사귀면서 밤을 새울 수 있었던 것이다.

　　재능기영산판에는 마당 한가운데 소고 하나가 놓여지는데, 춤추고 싶어 하는 사람은 누구나 이 소고를 들면 춤을 출 수 있고, 그 소고를 들면 양순용 상쇠는 영산가락을 내어준다. 소꼬리 잡는 놈이 임자가 되는 것이다. 그 정신을 가져온 아주 민주적인 춤 도구이다. 소고를 들고 춤을 추는 것이 좋다수이지만, 꼭 소고춤이 아니

더라도 소꼬리를 든 의미로 소고는 들려있을 뿐 각 개성들이 스스
로 잘한다고 여기는 춤이 추어진다. 느닷없이 '어사또 출두야~ 하
는' 소리 대목이 나오기도 하는데 그것도 춤이 된다. 너도나도 발을
동동 굴러가며 먼저 나서서 소꼬리를 잡고 춤을 추려 하는 최고의
도구가, 단 소고 한 개인 것이다.

　서리화는 이런 좌도굿 재능기영산의 정신을 가져왔다. 뒷굿의
기제로 사용되자 춤이 되었다. 서리화가 대동신명을 끌어내는 우리
시대의 의례도구가 된 것이다.

46 강원도의 상쇠들

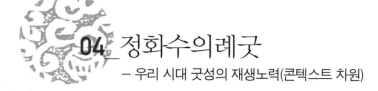

04 정화수의례굿
– 우리 시대 굿성의 재생노력(콘텍스트 차원)

생산된 예술품(텍스트) 하나로 대중의 재미와 감동과 깨달음을 창출하기가 어려운 시절이다. 문화산업적 기획력으로 장악한 유통시스템 차원이 소통을 어렵게 하는 것이 직접적이지만, 사실은 대중들의 가치와 감수성의 급격하고 긍정적인 진화가 기존 방식의 예술 생산시스템을 이미 하위범주화하고 있기 때문이다. 근대적 장르의식으로 하는 생산 활동만으로는 역부족이다. 대중들은 이미, 스스로, 그리고 집단지성으로, 생활 속에서 새로운 차원의 예술적 생산과 향유를 가져나가고 있기 때문이다.

특히 전통으로서의 풍물굿은, 아직까지 근대적 양식을 크게 벗어나지 못하고 있는 풍물굿은, 더욱 역부족이다. 근대적 감수성과 가치관은 이미 희박해져있기 때문이다. 그래서 새로운 문화적 힘(文化力)을 만들어야 한다. 당대 삶의 일상 속에서 호소력 있는 문화를 형성해야 한다. 삶의 문화적 축적과 같이 흐르지 않고, 공연, 대회, 축제라는 공간만으로 '느닷없이' 호출해서 늘 재탕되는 생산물을 보여주거나 부분적으로 차용한 기예의 편집으로는 당대 굿성과 그 재미를 창출해낼 수 없다. 이제 다시 오랜 시간 동안 문화를 축적해 나가야 한다. 즉 콘텍스트와 같이 되는 텍스트이어야 한다.

정화수의례는 그런 콘텍스트를 형성하기 위한 굿'문화운동'의 일환으로 기획, 실천되어지고 있다. 그것의 요체는 일상에 신격(神格) 공간을 만들어나가는 일이다.

황순주는 정화수를 '물 한 그릇의 영성'이라 했다.[1] 정화수에 대한 너무나 간결하고 확실한 뜻풀이라 여겨진다.

딱히 마음에 모신 신이 없더라도 우리는 늘 기도를 하곤 한다. 술을 마셔도 고시래를 쳐야 하고, 감을 따도 까치밥은 남긴다. 산신제는 벌레 하나 못 건들이게 하며 철저하게 금욕을 지켰으며 굿을 치면 당산에 세 번 절을 하고, 샘에서는 샘물을 음복한다. 천지신명 한울님께 바치는 생활 속의 의례였다. 딱히 의례라고 하지 않아도 밥상머리에서부터 밥알 하나 흘리라 치면 매섭게 날아오던 아버지 숟가락에서부터 배웠다. 그렇게 자연(스스로 그러하게)스럽게 우주와 호흡하고 기운을 나누었다….

추측컨대, 맑지 않은 세파에도 그를 다시 굿판으로 불러들인 것은 바로 그 정화수 한 그릇이 아니었을까? 신명은 그렇게 희(喜)와 락(樂)만을 따르지 아니하고 노(怒)와 애(哀)도 녹여내야 하는 것이

---

1) 2013년에 필자가 처음으로 정화수 현장이 아닌, 공연장에서 정화수의례굿을 하였는데, 그 때 경기문화재단의 황순주씨가 평을 해주셨다. 전문은, http://cafe.daum.net/kutschool, 굿연구소, '2013 팔도풍물굿 굿쟁이전'에 있다.

고, 살림이 있기 위해 모심도 충만해야 한다는 본질을 역설하고자
한 것이리라.

의례가 사라지고 허례가 가득한 세상이다. '임을 위한 행진곡' 제
창 여부가 광주정신의 본질을 흐리며 자연스럽지 못하게 마음들이
흘러간다. 김원호의 말처럼 사람마다 물 한 그릇을 잘 모시면 되는
일이 아닌가 싶다. 그는 물 한 그릇이면 된다 했지만 나에게는 물
한 그릇으로 시작하자로 들렸다. 씽크대굿이면 어떻고 냉장고굿이
면 어떤가? 구차한 형식을 배제하고 물 한 그릇의 영성에서부터 다
시 시작해보자는 것이다. 정화수 한 그릇을 모시듯 굿판에 굿을 제
대로 담아야 할 때이다.

더구나 풍물굿은 샤먼으로서 우주와 감흥한다. 말하자면 '별따자
별따자 하늘잡고 별따자'이고 '아따 그물 맛좋다 아들 낳고 딸 낳고
미역국에 밥마세' 였다. 상쇠는 굿판의 집사로서 우주와 인간을 연
결하고자 했고, 굿판의 사람들은 전생과 내세 사이의 황톳길을 걸어
가는 주인공이 되었다. 물 한 그릇은 그 여정을 모시는 정화수였다.

영성이란 근본 정신을 일컫는다. 이성, 합리, 실증, 의식 중심의
팍팍한 세상살이 속에서 그간 잘 호출되지 못했던 사람의 존재 영
역이다. 사람들이 스스로 만들어낸 자구적 재생노력, 자신의 근원
회복 노력에 힘입어 요즘 '힐링'이라고 흔하게 쓰이고 있다. 지구의
생태적 위기가 가시화되고 전통시대의 공동체문화가 소진되면서
더욱 그러하다. 이 영성이라는 말은 여러 가지 의미로 사용되는데,
서정록은 영성의 해석을 넘어 영성을 현실에서 현현하게 하는 의미

를 도출해낸다. 풍류(風流)와 북미 인디언의 '위대한 신령'의 개념을 빌어 말하는데, 영성은 우리가 세상 관계의 그물망 속에 놓여 있는 존재라는 것을 깨닫게 해주는 동시에 그 관계망 속에서 우리의 행위가 의미를 갖도록, 그리고 행복해질 수 있도록 해주는 근원적인 그 무엇이라 한다.

영에 대해서 시베리아나 호주, 아프리카, 북미, 아시아 등지의 샤마니즘을 관찰해 보면 고대인들은 숨결(breath)이나 피를 언급하고 있는 경우가 많습니다. 영혼이란 추상적인 개념이 없던 고대인들에게 생명을 가능하게 해주는 피나 숨결이야말로 몸과 마음을 살아있게 해주는 그 무엇이라 여겨졌던 것이지요. 실제로 고대의 창조신화들을 보면 하나같이 '생명의 숨결'을 불어넣어 주어 인간과 만물이 생겨나게 되었다는 이야기를 소개하고 있습니다.

그런데 숨결은 바람입니다. 바람은 우리가 호흡을 할 때 우리 몸 속에 들어왔다가 나갔다 합니다. 그와 함께 다른 존재의 몸에도 들어갔다 나왔다 하며 서로의 숨을 섞습니다. 피도 마찬가지지요. 피는 물입니다. 물은 신진대사를 통해 우리 몸에 들어왔다가 나갔다 하면서 우리를 살아있게 해줍니다. 그리고 우리의 몸을 들락날락거리는 물은 다른 존재들의 몸을 들락거리는 물과 섞입니다.

따라서 숨결이나 피 모두 관계성, 순환성 등을 바탕으로 하고 있음을 알 수 있습니다. 고대인들은 직접적이고 가시적인 대상들 너머에 있는 것이면서 이들 대상들을 살아있게 하는 동시에 다른 존재들과 관계지우는 것을 영이라 생각했던 것으로 보입니다.

그렇다면 관계란 무엇인가요? 관계란 개별적인 존재와 대상들을 연결 짓고 서로 의존하게 만드는 그 무엇이라 할 수 있습니다. 함축이 많은 말이지요.

　예를 들어보지요. 인디언들의 영성과 관련된 말 중에 가장 중요한 말로 '위대한 신령'이 있습니다. 이 말은 자칫 서구의 신(god)에 해당하는 말로 이해하기 쉽습니다. 그러나 인디언들이 이해하는 위대한 신령은 그런 인격적인 신이 아닙니다. 오히려 앞에서 언급한 바람이나 물의 활동을 이해하면 이해하기가 쉬울지도 모르겠습니다.

　바람은 끊임없이 생명을 가진 모든 존재를 드나들며 모든 존재들의 숨결을 서로 섞습니다. 그렇게 모든 존재들을 연결짓지요. 물 또한 모든 존재들을 넘나들며 서로의 물을 섞습니다. 어디 숨결과 물 뿐인가요. 우리의 행위 또한 다른 존재들에게 영향을 미치고 그들은 또 다른 존재들에게 영향을 미치면서 나의 행위는 나를 둘러싼 관계의 관계망을 돌아 결국 내게로 돌아옵니다. 우리의 생각도 마찬가지지요. 나의 생각은 다른 존재들에게 영향을 미치고, 그렇게 관계의 관계망을 돌아 다시 나에게 영향을 미칩니다.

　그렇게 서로 연결된 모든 존재들의 관계와 그 의미의 총합이 바로 위대한 신령입니다. 그러므로 위대한 신령은 서양이나 아시아의 신처럼 인격적인 그런 신이 아닙니다. 이 세계의 존재의 진상이면서 각각의 존재에게 의미를 부여해주는 인드라망과 같은 궁극적인 그 무엇인 것입니다.

　인디언들은 모든 살아있는 존재는 영(혼)을 갖고 있다고 말합니다. 다시 말해 생명을 가지고 있는 존재는 모두 영을 갖고 있다는 것이지요. 그때 영은 몸을 말하는 것이 아니라 그 몸의 주재자를 의미합니다. 나라는 존재에 의미를 주는 그 무엇을 그들은 영이라 했던 것이지요.

이 세상에서 존재한다는 것은, 살아간다는 것은 언제나 나를 전제로 합니다. 그런데 나는 나 혼자서는 존재할 수 없다는데 문제가 있습니다. 나 혼자서 살아갈 수 있는 자족적인 존재라면, 굳이 다른 존재가 필요하지도 않을 뿐더러 다른 존재에게 의존하는 일도 없을 것입니다. 그러나 나는 오직 나 이외의 다른 존재들이 같은 시공간에 있을 때에만 생존할 수 있을 뿐 아니라 그때 비로소 삶의 의미를 가질 수 있는 그런 이중삼중으로 결함을 가진 존재입니다.

따라서 주재자로서의 영은 스스로는 존재할 수 없고, 오직 이 세상의 관계망의 작은 매듭으로서만이 존재할 수 있는 그 무엇이라 할 수 있습니다. 때문에 나이되 내가 아닌 것이 나의 주재자의 실상이며, 그것을 아는 것이 소위 깨달음의 본질인 것입니다.

그런데 내가 소중하면 다른 존재들도 역시 나와 마찬가지로 소중합니다. 결국 이 세상에 소중하지 않은 존재는 하나도 없다고 할 수 있지요. 모두 다 위대한 신령의 한 부분이요 관계의 그물망의 한 축인 것입니다.

영성이란 관계의 그물망인 동시에 그와 같은 기도를 가능하게 해주는 그 어떤 신성한 힘이라 할 수 있습니다.

그러므로 영성은 우리가 관계의 그물망 속에 놓여있는 존재라는 것을 깨닫게 해주는 동시에 그 관계망 속에서 우리의 행위가 의미

를 갖도록, 그리고 행복해질 수 있도록 해주는 근원적인 그 무엇이라 할 수 있습니다.[2]

정화수는 단지 물 한 그릇으로 세상 모든 존재들과 관계의 그물망을 형성하고, 동시에 그와 같은 기도를 가능하게 해주는 어떤 신성한 힘을 가지고 있는, 간단하면서도 위력한, 아주 오래된 생활의 례인 것이다.

정화수는 첫새벽에 길은 맑고 정한 우물물이다. 지금도 한약재로도 쓰이는 이 정화수는 맑음과 정성의 표상으로 북두칠성의 하늘과 사람의 삶을 연결해준다. 『민족문화대백과사전』에서는 정화수를 이렇게 말한다.

신앙행위의 대상 또는 매체가 되는 우물물이다. '정안수'라고도 한다. '정화수 떠놓고 빈다.'는 말이 일러주고 있듯이, 신앙적인 맑음과 정갈함을 강하게 함축하고 있다.

가장 간소하나 가장 정갈한 제수로서, 신령에게 비는 사람이 지닌 치성의 극을 상징하게 된다. 이때, 새벽의 맑음과 짝지어진 정화수의 맑음에 비는 사람의 치성의 맑음이 투영되는 것이라고 보아도 좋을 것이다.

부정과 대극이 되는 정함이나 맑음은 우리 나라 사람의 전통신앙에서 매우 큰 뜻과 구실을 지니고 있다. '맑은 마음과 몸으로 정

---

2)　　서정록, '영성에 대하여', 〈이장〉 2004년 1월호.

성들여 빈다.'고 하는 흔한 말에서, 맑음과 정성을 믿음의 마음의 두 기둥이라고 말할 만한 근거를 얻게 되기 때문이다. 정화수는 무엇보다 맑음의 상징이 됨으로써, 신령과 인간 사이의 뜻의 오고감을 가능하게 하는 것이다.

이 정화수는 칠성신앙이라는 배경을 갖고 있다. 칠성신앙은 고대 이래로 우리 민족만의 독특한 고유 민속신앙이다. 이 칠성신앙은 아직도 무굿판에서 벌어지고 있고, 절집의 칠성각에서도 여전히 의례로 벌어지고, 그 의례절차로는 칠성청(七星請)이 있다. 칠성각은 알다시피 불교가 수용한 우리 민족 고유 사당이다. 이 칠성청은 씻김굿(특히 초가망석)의 원형을 보는 듯 할 뿐더러 그 절차가 위엄 있고 아름답고 우아하다. 칠성청은 아주 간단한 의례인데, 의례 절차를 읽어보기만 해도 그 절차에 참여하는 것처럼 경건해지고 스스로 아름다워진다.[3]

이러한 칠성청과 같은 의미이면서 생활에 마련된 작은 칠성단이 정화수터이다. 이러한 생활문화가 있었기 때문에 풍물굿은 성속일여의 시간과 공간을 어렵지 않게 만들어낼 수가 있었다. 불행히도 현대에 접어들면서 이러한 생활의례공간과 그 문화는 쇠락해갔고 그만큼 풍물굿의 굿성도 쇠잔해져왔다.

정화수의례굿은 풍물굿이라는 텍스트의 재생만 가지고는 역부족

---

3) 너무나 좋은 희귀자료라 이 책 부록으로 싣는다. 인터넷서핑하다 우연히 건졌는데, 불행히도 그 출처를 알 수가 없다.

인 문화 환경 속에서 굿성에 익숙해지는 생활문화를 형성하기 위해 만들어진 생활의례이다. 물 한 그릇의 영성으로 시작된, 이지신(而知新)된 작은 굿판인데, 그 최종목적은 사람들이 물 한 그릇의 정성으로 생활공간에 신격 공간을 안치하는 데 있다. 拙著, 『강원도 메나리의 아름다움』에서 인용하자면,

정화수(井華水) 의례는 스스로 정화(淨化)되어 정화(精華)하는, 오래된 민족의례이다. 우리 민족은 별에서 왔고, 다시 별로 돌아간다는 것이 우리 신화의 근본을 이룬다. 칠성님(북두칠성)께 명과 복을 빌고, 세상을 다 하면 칠성판에 누워 다시 별로 돌아가는 뱃노래를 부른다. 우리 신화의 별은 서로 상생하며 어울려 산다. 기본적으로 스타피스(star-peace), 즉 별들의 평화, 우주평화인 것이다. 이러한 평화적 우주 근본의 질서를 우리 어머니들은 우리 삶터에 현실로 현현시켜왔다. 늘 새벽에 일어나 별빛 정기가 담긴 깨끗한 물 한 그릇을 떠 놓고, 오로지 정성과 마음을 다 해 자신들의 자식과 다정한 이웃과 세상의 안녕을 빌었다. 근본적인 상생의식을 후대까지 나른다. 자신의 일상 공간에, 오로지 사람의 정성으로 신격(神格) 공간을 만들어, 그것으로 세상의 뭇 생명과 자연으로 친해지기 위한 절절한 의례이다. 자연(自然)이란 '스스로 그러하기'이며, 사람이 세상의 만물들과 어울리지 않고는 '잘' 살 수 없다라는 것이다. 우리 신화, 즉 정신사의 원형은 늘 당대의 삶과 문화되어 만나고 사람들의 구체적 삶과 이리저리 얽히고 소통한다. 물론 이 과정을 통해 그 원형을 늘 더 깊게 진화해나간다. 오랜 시간 동안 축적된, 우리

에게 물이 주는 의미는, 물은 창조의 원천, 생명의 상징이라는 것이다. 이러한 의미와 상징의 힘이 있기 때문에 정화수 물 한 그릇은 의례가 될 수 있었고, 사람들이 일상에 신격공간을 만들 수가 있었던 것이다.

새로운 굿 양식으로 전개되고 있는 정화수의례굿은[4), 고단한 일상을 살면서도, 문득 우리의 존재 근원을 잠시라도 되돌아볼 시간의 공간을 마련토록 기획되었다. 물 한 그릇이지만 정성과 소망으로 세상에 헌수하며 스스로를 생명꽃(精華)으로 피우게 하는 일을 누리게 하려 하고 있다. 정화수(井華水)는 우물 '정'자와 꽃 '화'자를 쓴다. 우물은 물을 상징하고 물은 생명이라, 정화수는 '생명꽃'의 의미가 되기 때문이다. 그 뜻을 좀 더 깊이 살리면 정화(精華 : 가장 순수하고 깨끗한 알짜)의 기운도 된다.

이러한 생명꽃의 의미를 가지고 세상과, 모든 생명 있는 것들과, 가치롭게 살기 위해 애쓰는 자기 자신을 위해 다 같이 축원을 한다. 굿소리를 들으며 저마다의 상념을 가지고 세 번의 소지 의식을 통해 세상과 자연으로 상생하며 살기 위한 인사를 한다.

무엇보다 이 집단의례가 끝나면, 그 의례참여의 힘을 가지고 정화수 공간을 자신의 일상공간으로 가져가 날마다 스스로 정화하는

---

4)   원주의 '아트코어 굿마을'이라는 전문예술단체는 이 정화수의례를 법고창신하기 위해 활동하고 있다. 예전의 정화수의례 시공간이 주로 새벽의 장독대였고 혼자 치르는 의례였다면, 이 단체는 현대의 시공간 어디에서나 이 의례를 할 수 있도록 하였고, 여러 사람이 어울려서 하는 집단 의례로 발전시켰다. 의례를 의례굿으로 하기 위해 영산굿, 탈굿, 통소 행악, 소리 등과 결합시켜 왔다.

시간을 가져보게 한다. '일상의 신격공간'을 세우게 하는 것이고, 이것은 풍물굿이 앞으로 오랫동안 문화되어 재생의 사회문화적 기운을 만들기 위한 아주 중요한 일이 된다. 정화수 그릇에 물을 담아 받침대 위에 올려놓고, 100일 동안, 매일, 물을 갈도록 요청한다. 집안이나 일하는 곳 어디에나 놓아도 좋고, 어느 때나 해도 좋고, 깨끗하면 어떤 물이라도 상관없고 구체적인 소망 같은 것 굳이 연동 안 해도 되고 그냥 정성을 가지고 하시라고 한다. 생명과 재생을 상징하는 물 한 그릇의 의미와 더불어 '정성'[5]의 의미를 강조한다. 어떤 일이든지 100일만 하면 뭔가 달라짐을 느끼듯이 정화는 좋은 기운을 확실히 준다.[6]

---

5) 생명과 재생을 상징하는 물 한 그릇의 의미와 더불어 '정성'의 의미를 강조한다. 정성은, "작은 일도 무시하지 않고 최선을 다해야 한다. 작은 일에도 최선을 다하면 정성스럽게 된다. 정성스럽게 되면 겉에 배어 나오고, 겉에 배어 나오면 겉으로 드러나고, 겉으로 드러나면 이내 밝아지고, 밝아지면 남을 감동시키고, 남을 감동시키면 이내 변하게 되고, 변하면 생육된다. 그러니 오직 세상에서 지극히 정성을 다하는 사람만이 나와 세상을 변하게 할 수 있는 것이다."(중용 23장)

6) 정화수의례굿의 부의례 재료로 몇 가지 물품(실, 한지, 쑥, 소지종이, 초)을 진설하고 나누어 주는데 다음과 같다. 주의례인 정화수의례굿의 환경과 의미를 돈독히 해주는 것이기 때문에 해도 좋고 안해도 좋다. 물론 이 물품들은 정화수의례굿과 만나 굿성을 구성해준다. 실은 뭐든지 오래 가게하고픈 바램이다. 안 보이는 좋은 기운을 이 곳에서 저 곳으로 이어준다고 한다. 명줄이기도 하고, 좀 깊어지면 이 세상 이전의 세상과 다음 세상까지 이어 준다고 한다. 깨끗한 한지는 좋은 기운을 주는 그 무언가에 대한 예단(禮緞)이다. 감사의 상념인 것이다. 어디에 그냥 놓아도 좋고 걸어놓아도 좋다. 쑥은 우리 근원으로 가는 마음가짐을 갖게 해준다. 대추나 밤 크기 정도 뭉쳐서 살짝 불붙이면 제 스스로 탄다. 의외로 깊은 향이고 우리 민족의 허브이서인지 친근

정화수의례

하다. 소지종이는 한 장을 길게 원통이나 원뿔 모양으로 살짝 말아서 옆으로 누인 채로 끝에 불을 붙인 다음 어느 정도 타면 세워주면 된다. 그러면 제 스스로 하늘로 올라간다. 헛헛해지거나 속상할 때, 좋은 일 생길 때, 먹먹 하거나 표표해질 때, 뭔가 뒤돌아보고 싶을 때, 그리움이 생길 때, 아무 때나 소지해본다. 초는 우리의 정성과 상념이 올라가는 길이다. 가만히 있고 싶을 때, 상념이나 명상에 젖어들고 싶을 때 잠깐 불붙여 본다.

정화수의례

정화수의례

강원도의
상쇠들—
① 미학적 뿌리

동북아 굿성과
강원도 풍물굿

01_동북아 굿성으로서의 풍류

우리 민족의 정신문화사의 중요한 한 원형인 풍류(風流)를 말하고, 그것과 동질이면서, 우리가 근현대사를 통해 잃어버렸던 정신의 웅혼함, 영성의 진화를 오랫동안 갖고 살아가는 북미 인디언을 연구하고 깨달음의 영역을 전파하는 서정록[1]은 고구려 벽화와 백제 금동대향로를 통해 우리의 풍류를 이야기 해준다.[2]

---

1) 『백제금동대향로』(학고재, 2001)의 저자

2) 건양대학교 작품집 『백제금동대향로와 고구려 벽화』서문 요약본, 2003. 풍류를 역사와 신화로 아우르고, 우리 당대에도 여전한 현실 개념이라는, 무척 좋은 글인데, 불행히도 글을 쉽게 찾아 볼 수 없는 대학생 전시작품집에 실려 있다. 풍류를 중심으로 요체한 글은, 〈고구려벽화에 나타난 풍류의 세계〉이고, 전문은 〈고구려 고분벽화와 백제금동대향로에 나타난 풍류문화〉이다. 널리 알리고 싶은 좋은 글인데, 요체한 글은 拙著, 『강원도 메나리의 아름다움』에 이미 게재하였고, 전문은 이 책 부록으로 수록한다. 〈한국풍류의 원형과 세계사적 의의〉도 그의 글인데, 이것도 2004년에 있었던 세계생명평화포럼의 발제문으로 발표되어서 역시 구하기 힘든 글이라 부록으로 수록한다. 이 글들은, http://cafe.daum.net/peacetree2(인디언 카페 꽃 피는 나무 아래서)에서 볼 수 있다.

… 나는 학생들에게 고구려 벽화에 무수히 등장하는 '바람, 흐름, 결'의 의미를 이야기해주기로 했다. 이 땅의 고대의 유물에 거의 빠짐없이 등장하는 갖가지 바람, 구름, 흐름, 결의 문양과 그것이 다시 식물문양으로, 꽃으로 발전하는 '바람 風 흐를 流'의 풍류사상을. 그것은 일찍이 최치원 선생이 "이 땅에 현묘지도(玄妙之道)가 있었으니 '풍류(風流)'라 한다. 유불선 삼교를 포함하고, 접화군생하니…"라고 했던 바로 그것이었다….

주지하다시피 고구려 고분벽화에는 상당히 많은 바람무늬, 구름무늬가 표현되어 있다. 특히 고분의 천정벽—천상계—에는 바람무늬, 이른바 흐르는 바람 또는 구름무늬가 가득하며, 천상계와 지상계를 구분하는 도리에도 이러한 바람 또는 구름무늬가 수없이 장식되어 있다. 덕흥리고분, 수산리고분 등의 경우에는 기둥에까지 이러한 바람, 구름무늬가 장식되어 있다.

본시 바람은 눈에 보이지 않는다. 그래서 바람을 표현할 때 흔히 구름을 넣어 그리는 탓에 이 바람무늬를 구름무늬로 부르기도 한다. 어느 경우이든 바람의 흐름과 변화, 결을 표현하는 것임에는 의심의 여지가 없다…. 고구려벽화와 백제대향로에 표현된 류운문은 기본적으로 바람 또는 구름을 표현하되, 때로는 그 연장선상에서 바람에 나부끼는 식물, 또는 넝쿨을 이루며 뻗어가는 식물 등을 표현하고 있는데, 우리는 이를 통해 바람 또는 구름 무늬가 재생과 환생을 거듭하며 부단히 계속되는 생명세계의 신성한 힘을 드러내고 있음을 짐작하기 어렵지 않다…. 그 바람, 흐름, 결의 다양한 표현들이야말로 고대 동북아인들의 정신세계의 근간을 이루는 샤마니즘에 토대를 둔 것이며, 이땅의 조상들이 그들의 영혼의 울림, 내면의 떨림을 표현하던 오랜 방식이었음을 지적하지 않을 수 없다.

그들에게 그림을 그리는 타자로서의 대상이란 없다. 오직 나의 영혼과 만나는 다른 존재의 영혼의 울림과 그 울림이 밖으로 드러난 바람, 흐름, 결이 있을 뿐이다. 그리고 영혼의 울림과 바람, 흐름, 결이 있는 곳에는 언제나 하늘과 구름과 비와 강이 있고, 바람이 있고, 나무와 풀과 동물들이 있으며, 자연의 숨결이 있다. 그리고 우리네 삶의 이야기가 있고, 신화가 있고, 꿈이 있으며, 노래와 춤이 있다.

… 하나로 연결되어 있는 생명세계의 '그물망'을 샤마니즘에서는 영혼으로 푼다. 그리고 그 영혼의 울림과 떨림이 현상적으로 드러난 것을 바람, 흐름, 결이라 하니, 그것이 바로 최치원 선생이 말한 풍류요, 그 근본원리를 말한 것이 '접화군생(接化羣生)'인 것이다.

바람이 없으면 생명은 살 수 없다. 비가 없으면 식물은 자랄 수 없다. 물이 없어도 그렇고, 변화와 움직임이 없어도 마찬가지이다. 바람, 흐름, 결, 즉 풍류가 있기에 뭇 생명이 나고 자라는 것이다. 힘겨우면 힘겨운 대로, 즐거우면 즐거운 대로 모두들 이 세상의 바람, 흐름, 결 속에서 서로 부대끼며 살아가는 것이다. 그렇게 서로 만나고, 서로를 공경하고, 서로의 존재를 섞으며 살아간다. 그것이 바로 바람, 흐름, 결 속에서 영혼을 가진 뭇 생명들이 나고 산다는 접화군생이다.

이러한 풍류의 삶 속에서는 일상과 종교가 따로 분리되어 있지 않으니 곧 일상이 종교요 기도이다. 한마디로 일상 속에 신성함이 깃들어있는 것이다. 우리의 삶이 지극히 고귀해지는 순간이다. 이를 가리켜 최치원 선생은 '포함삼교(包含三敎)'라 하였으니, 이 땅에 유불선이 들어오기 전에 이미 그들의 도(道)를 다 포함하는 아름다운 삶이 있었음을 지적했던 것이다.

풍류의 개념과 논의는 최치원의 난랑비 서문으로부터 출발되었고 여러 가지 층위와 성격으로 해석되고 있다. 『민족문화대백과사전』에서 말하는 풍류란 제천을 통한 강신체험[3], 천인합일[4], 홍익인간[5] 등의 개념으로, 그리고 화랑의 교육[6], 팔관회[7]를 통해서도 얘

---

[3] 상고시대의 우리 조상들은 봄 가을에 하느님에게 제사를 드리되 노래와 춤으로써 하였다. 여기에서 그들은 하느님과 하나로 융합하는 강신체험을 가졌고…

[4] 풍류도란 하느님을 섬기는 천신도(天神道)요, 그 핵심은 하느님과 인간이 하나로 융합되는 데 있다. 내가 없어지고 내 안에 신이 내재한 상태의 '나'가 풍류의 주체가 되는 것이다[天人合一].

[5] 신과 하나가 된 풍류객은 새로운 존재양식을 가진다. 자기중심의 세계에서 벗어나 다른 사람과 관계의 세계로 옮겨간다. 그리고 사람들에게도 본연의 인간으로 되돌아가도록 교화한다. 이것은 실로 우리 안에 있는 하느님의 본성이기 때문이다. 그는 널리 사람들을 유익하게 하는 분으로 믿어왔다[弘益人間].

[6] 도의로써 서로 몸을 닦고[相磨道義], 노래와 춤으로써 서로 즐기며[相悅歌樂], 명산대천을 찾아 노니는 것[遊娛山水]이 그것이다. 도의로써 몸을 닦는 것은 군생(群生)을 교화하기 위한 것이요, 가악(歌樂)으로써 서로 즐기는 것은 풍류를 터득하는 길이요, 명산대천을 찾아 대자연 속에 노니는 것은 그곳에 임재한 신령과의 교제를 가지기 위함이었다.

[7] 고려 때에는 풍류가 팔관회와 같은 국가적인 의례나 풍속을 통하여 나타나고 음악을 통한 척사위정(斥邪衛正)이나 신인합일(神人合一)의 문제를 거론하고 있다.

기되어지고 있다. 이러한 제천의식이나 팔관회와 같은 공동제의(共同祭儀)로서의 풍류는 마을이나 지역단위의 굿이나 제의로 그 명맥을 이어왔으며, 풍물굿은 이러한 마을굿에서 배태되고 자라왔다. 신명을 통한 성속일여의 시공간에서 존재 근원을 되새김질하는 의례이자 놀이인 것이 풍물굿이고 그 근본은 굿성인 것이다.

그러나, 조선 시대를 거치면서 풍류는 샤마니즘적 영성이라는 원 개념보다는 이른바 음풍농월(吟風弄月)로 변이되어왔고 그것이 현재 사람들이 느끼는 풍류라는 인식에 주요하게 작용되고 있다.[8] 서정록은 그런 인식에는 중국인들의 풍류 개념의 영향을 받은 바도 있

---

8)　『민족문화대백과사전』에서는 풍류를 다음과 같이 개설하고 있다.　바람 '풍(風)'자와 물 흐를 '유(流)'자가 합쳐져서 된 풍류라는 말은 단순한 바람과 물 흐름이 아니라 사람과의 관계에서 파악되어야 하는 자연이기 때문에 매우 복합적인 의미를 가지고 있다. 그래서 '풍치가 있고 멋스럽게 노는 일' 또는 '운치가 있는 일'로 풀이한 사전이 있는가 하면, '아취(雅趣:아담한 정취 또는 취미)가 있는 것' 또는 '속(俗)된 것을 버리고 고상한 유희를 하는 것'으로 풀이한 학자도 있다. 풍류를 풍속의 흐름으로 보아 문화와 같은 뜻으로 보는 이도 있고, 풍월(風月)과 같은 뜻으로 보아 음풍농월(吟風弄月:맑은 바람과 밝은 달에 대하여 시를 짓고 즐겁게 놂)하는 시가(詩歌)와 관련짓기도 한다. 또한 풍류를 자연과 인생과 예술이 혼연일체가 된 삼매경에 대한 미적 표현이라고 하는 사람도 있고, 우리의 고유사상인 '부루'의 한자표기라고 주장하는 사람도 있다. 이 때 부루란 불 밝 환 하늘을 가리키는 말로, 광명이세(光明理世)하는 하느님 신앙에서 나온 개념이라는 것이다. 한편 "그 사람은 풍류가 없어."라든지 "풍류를 모르는 사람이야."라고 하였다면 멋도 없고 음악도 모르고 여유도 없는 옹졸하고 감정이 메마른 틀에 박힌 꽁생원쯤으로 생각하게 된다. 이와 같이 풍류란 자연을 가까이 하는 것, 멋이 있는 것, 음악을 아는 것, 예술에 대한 조예, 여유, 자유분방함, 즐거운 것 등 많은 뜻을 내포하는 용어라고 할 수 있다.

다고 하며,[9] 풍류의 원개념을 다음과 같이 정리한다.

    샤마니즘 문화를 토대로 하는 동북아의 풍류는 〈바람 風, 흐를 流〉, 즉 '바람과 물'의 영적인 이해와 밀접한 관계가 있다. 중국이 한나라 이래로 영적인 사고를 부정하고, 인문주의적 경향을 발전시켜온 것과 달리 이 땅의 문화는 샤마니즘의 순수한 영성의 토대 위에서, ① 이 세상의 모든 만물은 살아있는 생명이며, ② 모든 존재는 영적으로 평등하고, ③ 거미줄처럼 서로 연결되어 있으며, ④ 서로 의존하며 살아가고, ⑤ 각각의 존재는 모두 다 그 나름의 임무와 직분을 갖고 태어났다는 사고를 갖고 있었던 것이다. 때문에 우리 조상들이 말하는 풍류는 중국인들이 말하는 풍류와는 그 함의가 사뭇 다를 수밖에 없다.

    무릇 중국의 풍류가 선비들이 자연 속에서 시문과 술과 가무로

---

9)   '풍류'라는 용어는 최치원 선생의 난랑비 서문에 나타나기 전에 중국에서 먼저 사용된 것으로 알려져 있다. 때문에 '풍류'란 말의 의미를 둘러싸고 혼란이 있는데, 중국에서 풍류라는 말이 쓰이기 시작한 것은 대략 위진(魏晉)시대이다. 그때는 유교를 국교로 했던 한나라 이래로 중국에서 영적인 사고가 크게 위축된 시대였다. 유교와 노장에서는 영혼과 내세를 인정하지 않기 때문이다. 자연히 중국에서 샤만의 활동은 끊어지고, 그 빈틈을 방사(方士)들의 신선사상과 도교가 메우게 된다. 이런 이유로 중국인들이 풍류라 할 때의 '풍(風)'은 시경(詩經)에 나오는 '국풍(國風)', '정풍(鄭風)' 등의 예에서 보듯이, 노래와 가무, 시문을 뜻하는 경향이 강하다. 실제로 풍류라 할 때 중국에서는 현실에 얽매이지 않고 자유분방하게 시문(詩文)이나 주연, 가무를 즐기는 귀족적 향취 내지 북방민족들에게 쫓기는 신세를 한탄하고 은둔자적하며 음풍농월(吟風弄月)하던 청담(淸談), 현학(玄學)의 분위기와 밀접한 관계가 있다.

고구려벽화 유운문 삼실총의 완함 연주자

그들의 답답한 심사를 푸는 문화라면, 이 땅의 풍류는 샤마니즘의
순수한 영적 세계를 토대로 몸과 마음과 영혼의 통합을 이루고, 일
상의 삶에서 신성함을 찾으며, 주위의 다른 존재들과 균형과 조화
를 추구하는 삶의 근본적인 방식을 말하기 때문이다.[10]

여하튼 서정록은 풍류에 대한 중요한 미학적 단초를 제공해주
고 있는데, 바람, 흐름, 결이 그것이다. 백제금동대향로와 고구려벽
화의 이야기를 통해, '영혼의 울림', '내면의 떨림'이, 그리고, '재생과
환생을 거듭하며 부단히 계속되는 생명세계의 신성한 힘'이 바람,
흐름, 결로 드러나고 있다고 하고, 그것을 국가적 제의 향로와 삶/
죽음의 고분 벽화에 새겨놓았다고 한다. "바람, 흐름, 결 속에서 영

10)　　이 책 부록 1의 '고구려 고분벽화와 백제금동대향로에 나타난 풍류문화.'

혼을 가진 뭇 생명들이 나고 산다는 것이 접화군생이고, 이러한 풍류의 삶 속에서는 일상과 종교가 따로 분리되어 있지 않으니 곧 일상이 종교요 기도이다. 한마디로 일상 속에 신성함이 깃들어 있는 것이다."

풍물굿의 여러 기제들이 노래와 춤을 통한 집단 신명 상태를 만든다는 것은, 존재 근원에 대한 접신(성속일여)으로 떨고(내면), 집단으로 울려(영혼), 바람으로 흐르게(접화군생) 한다는 것이고, 이것은 풍물굿의 가장 커다란 밑천인 굿성이 된다.

풍물굿판의 성속일여의 신명을, 보릿대춤같은 속신명이 모아내는 그런 장쾌한 바람의 춤을 혹 눈으로 볼 수 있다면, 떨림, 울림, 결의 춤이 혹 현현한다면, 바로 고구려 벽화의 유운문일 것이다. 그런 신명을, 그런 생명에너지를 드러내 보이는 유운문(流雲紋)들일 것이다.

소리, 노래의 떨림의 세계를 나타내주기 위해 동선을 넣었다.[11]

이러한 바람, 떨림, 울림, 결이 드러나는 신명세상을 눈으로 볼 수 있는 곳이 고구려벽화에 가득하지만, 강원도 원주에는 그런 대동신명판을 일목요연하게 담고 있는 유적이 하나 있는데, 바로 법천사지 지광국사현묘탑비에 있는 궁륭(穹窿)부이다. 우주목(宇宙木)과 수미산(須彌山)과 일월(日月)과 비천(飛天)과 공향(供香)이 있고 유운문 가득한, 하늘 아래 궁륭에 있는 우리 (민족)집단무의식의 현장이 생생하게 펼쳐져 있다.

---

11)　　앞의 '고구려고분벽화와 백제금동대향로에 나타난 풍류문화'.

법천사 지광국사 현묘탑비

　법천사지는 원주시 부론면 남한강 언저리에 있는데, 인근의 거
돈사지와 더불어 폐사지 문화를 형성하고 있는 고찰터이다. 이곳에
지광국사현묘탑비[12])가 있는데 머릿돌 바로 밑에 있는 궁륭부에 아
름다운 그림이 새겨져있다.[13])

12)　　원주 법천사지 지광국사탑비(法泉寺址 智光國師塔碑)는 강원도 원주시 법천
　　　사지에 세워져 있는, 지광국사(984~1070)의 탑비로 대한민국의 국보 제59호
　　　이다. 고려 문종 24년(1070)에 지광국사가 법천사에서 입적하자 그 공적을 추
　　　모하기 위해 사리탑인 현묘탑과 함께 이 비를 세워놓았다. 현묘탑은 현재 경
　　　복궁으로 옮겨졌고 탑비만이 옛 자리를 지키고 있다. 비문에는 지광국사가
　　　불교에 입문해서 목숨을 다할 때까지의 행장과 공적을 추모하는 글이 새겨져
　　　있다. 비문은 정유산(鄭惟産)이 짓고, 글씨는 안민후(安民厚)가 중국의 구양
　　　순체를 기본으로 삼아 부드러운 필체로 썼다. [위키백과]
13)　　검은 판에 음각으로 새겨져 있어 잘 보이지 않아 이곳을 찾는 사람들은 대

궁륭부 중앙

궁륭부 왼쪽 부분

부분 보지 못하고 있다. 탑비의 몸돌 전면부가 서쪽으로 향해 있어서 오후 늦게 되어 빛을 정면으로 받아야 육안으로 볼 수가 있고, 아니면 망원경을 가져와서 보아야 한다.

아래쪽 십삼천(十三天)의 중앙 봉우리(수미산)위에 신단수(우주목)가 있다. 양 옆으로 일월이 있고 그 옆에 비천상이 있다. 봉우리는 구름이 흐르고 있고 해와 달, 비천상 근처에는 유운문이 넘쳐난다.

신단수에는 구슬로 만든 영락이 매달려 있는데, 이는 오늘날 당산나무나 서낭당에 거는 천조각 같은 예단이다. 오른 쪽 해에는 해의 정령인 삼족오, 왼쪽 달에는 달의 정령인 두꺼비가 있고 토끼와 계수나무도 있다. 비천상은 향을 들고 날고 있다.

이 궁륭 내외부는 다양한 형태의 유운문이 꽉 차 있다. 나아가 궁륭이 있는 몸돌 전체에도 유운문이 꽉 차 있다. 떨림, 울림, 결, 바람…의 신명!

02 상생과 평화의 세계를 위한
동북아 풍류의 계기들

웹적 사유와 예술적 상상력이 점점 더 미래의 키워드가 되어가면서, 그리고 우리 삶의 사회문화적 반경이 한반도를 서서히 벗어나면서, 마을굿의 원형의식이 새삼 점검되어 진다. 앞서 얘기한 제천의 의미가 나름 당대화 되어가고 있고, 또 우리가 다국가 민족이라는 것이 현실의 사회, 경제, 문화 차원으로 인식되어지고 있다. 우리 민족은 특히 동북아 차원에서 아주 강력한 다국가 민족 인프라를 가지고 있다.

재일동포, 조선족, 고려인이 그 동안 각자의 국가에서 이루어낸 여러 가지 차원의 사회적 기반은 동북아를 하나의 범한족(凡韓族) 권역으로, 즉 새로운 차원의 공동체를 이루어낼 가능성을 가지고 있다. 게다가 이 권역은 근본적으로 같은 신화와 정신사를 공유하는 곳이다. 원형의 공유와 역사의 공유와 현실 삶의 공유가 지금 현재 있는 곳이다. 말할 수 없는 장점인 것이다. 이것은 우리가 다국가 민족으로서 할 일이 있다는 것을 넘어서서, 다민족 다문화가 평화롭게 공존할 수 있다는 것이기도 하다. 미래사회는 패권적인 세계

분할과 자본적 경영 차원의 정치경제 블록을 넘어서서 이러한 평화적 문화벨트를 끊임없이 지향해야 하기 때문이다. 마을굿도 이 동북아벨트적인 사고를 가져야 한다. 깊은 '원형'의식이 있고, 평화벨트라는 '공동체'적 지향이 있고, 동북아의 다민족 다문화라는 현실 삶의 터전을 이제는 생명과 평화라는 '시대정신'으로 같이 개척할 무수한 조건과 환경이 존재하기 때문이다. 풍물굿은 사실 항상 이러한 가운데에 있지 않았던가?

고려인 마을굿

몇 년 전에 중앙아시아에서 재이주해온 러시아 연해주의 고려인 정착촌인 끄레모바에서 첫 마을굿이 열렸다. '마차례 예술단'[1]이라는 단체가 이 마을굿을 기획하고 그들과 같이 치루어내었다. 한반도에서 연해주로, 연해주에서 중앙아시아로, 다시 연해주로 140여 년간을 항상 강제로 이주당했던 고려인들의 첫 마을제사였다. 4~5대에 걸쳐 수천 km를 오가고 황무지에 버려지면서도, 가족과 이웃의 1/5을 잃어가면서도 그들은 살아왔다. 이쯤되면 이것은 고난이 아니라 생명스러움 그 자체이다. 이날 같은 동네에 있던 러시아인들도 덩실덩실 춤을 추었다. 다민족 다문화의 현실 속에서 동북아

---

1)   마차례예술단은 연해주에서 활동을 하였고, 도당굿에 일견이 있는 한바람문화연구소의 목진호라는 걸출한 굿광대는 사할린에서 활동했는데 2년만에 사할린 해변가 모든 고려인 마을에 풍물굿패를 조직하였다.

문화(평화)벨트 공동체를 실현해내기 위해 풍물굿이 그 동안 발전시켜온 사상의 힘으로 접목한 사례이다. 마을굿이 다시 그 놓일 자리를 찾기 시작한 것이다. 이것은, 같은 민족 동포과 같이 치러 냈던 하나의 문화양식을 말하는 것이 아니다. 우리가 살아오며 늘 그리워하는 실재를 더불어 만나고 자연성을 재생시키는 존재 차원의 갈망이 우리 민족의 깊은 원형의식으로 공감되었기 때문이다. 자연성이라는 것은, 그것의 문화는 우리 민족이 어디 살든지 간에 늘 현재인, 지속적인 리얼리티인 것이다. 그리고 이것은 물론 범세계적인 보편성을 가진다.

고려인 마을굿

다민족 평화 페스티벌

　연해주 고려인들이 기획해내는 다민족 평화페스티벌이 벌써10년
이 넘었다, 연해주 우수리스크에 사는 고려인들이 주축이 되고 러
시아인뿐 아니라 연해주에 있는 여러 소수민족들이 참여한다. 고려
인은 어디를 가나 늘 평화공생을 추구하고 실현해낸다.

라즈돌로네 진혼굿

　　라즈돌로네 기차역을 방문하는 예술가들은 어김없이 진혼굿을 한다. 블라디보스톡과 우수리스크 사이에 있는 작은 기차역인데. 17만 고려인의 강제이주가 본격적으로 출발되었던 역이다. 중앙아시아에 도착했을 때 고려인의 1/5이 추위와 굶주림으로 죽어갔던 통한의 역이다. 풍물굿패는 연해주에 방문할 때마다 늘 진혼 비나리를 하였고, 춤패는 진혼춤을 하러 꼭 들렀다 간다.

82 강원도의 상쇠들

고려인의 날

고려인의 날에는 고려인과 러시아인, 소수민족이 몇 천명씩 모여 문화잔치를 하고 한국의 예술가들이 즐거이 달려간다. 고려인문화센터를 중심으로 풍물굿과 춤이 몇 년 째 전수되고 있고, 연해주 공립7학교, 23학교 상대로 러시아 학생들에게도 풍물굿이 전수되었다.

동북아는 우리 민족이 다국가 민족으로 풍부히 존재한다. 고려인, 조선족, 자이니치 등 몇 백만이라는 인구 수 뿐만 아니라 문화 DNA를 담뿍 갖고 있는 동질성 집단이 형성되어 있다. 국가는 달라도 기본적으로 이미 상생, 평화의 관계가 된다. 그리고 이들은 늘

고려인 잔치

각 국가에서 평화공존을 하려 노력을 하고 있다. 풍류, 굿성의 동질성을 새삼 확인하고 교호한다면 우리 민족의 디아스포라(민족이산)는 어둡고 힘들었던 근대의 고난과 슬픔이 아니라 평화와 공생의 세계 평화를 위해 기여할 수 있는 희망이고, 풍류 집단이 될 수가 있다.

우리는 고구려 강역을 고토회복의 관점으로 바라보아서는 평화와 상생을 이루어낼 수 없다. 문화와 정신사의 재생과 공생을 꾀해야 하고 우리는 풍류라는 동북아 굿성을 가지고 있다. 단지 물 한 그릇으로, 그 간절한 정성으로 이미 스타피스(star-peace)의 문화를 일상에서 만들어낸 오랜 문화적 경험이 있다. 외부에서 느닷없이 닥친 한류에 밑천 없이 불안하게 취해있을 때가 아니라 정신사와 문화의 기반이 있는 동북아를 중심으로 한 풍류 문화를 새삼 진작시킬 필요가 있다. 평화와 공생과 생명스러움을 전하는 것이 풍류가 될 수 있기 때문이다.

조선족학교

03 시베리아, 바이칼 천지굿, 무천과 강원도 풍물굿

　서정록은 "바람, 흐름, 결의 사상과 표현방식은 고대 샤마니즘의 세계에서 보편적인 성격을 띠고 있으니, 샤마니즘을 신봉했던 과거의 스키타이—흉노족도 그랬고, 아무르강 하류의 고아시아족도 마찬가지였으며, 저 북아메리카 인디언들도 모두 같았다"고 한다. 동북아 영역에서 풍류의 보편성을 말하면서, 스텝로드[1] 영역과 북미 인디언과도 풍류의 본질을 같이 갖는 문화권이라 말한다. 고대에 높은 정신과 문화를 가졌던 동북아를 중심으로 같은 문화권대가 동서로 길게 놓여져 있는 것이다.

　동북아는 고대부터 지금까지 우리 정신사의 근원을 갖고 있는 신화, 역사, 영성, 미학적 동질성이 있는 곳이다. 그러한 동질성, 문화의 공유는 기본적으로 상생이면서 평화의 범주이다. 그리고 이곳에는 풍류라는 훌륭한 미학적 패러다임의 실천이 가능하다. 굿성

---

1)　연평균 강우량 500mm 이하인 자연환경을 가진 지역. 지금의 만주지역부터 시베리아를 걸쳐 형성되어 있다. 자연환경에 의한 문화적 동질성이 있는데, 스칸디나비아 오딘신화까지 같은 신화영역대라고 한다.

이 풍부히 존재하고 있기 때문이다.

시베리아

2005년에 '한러 유라시아 대장정'이 있었다. 한국의 여러 방면의
전문가들과 고려인, 러시아인이 만오천 킬로미터 시베리아를 자동
차로 횡단하였다. 부산─블라디보스톡에서 열 대, 모스크바에서 열

대가 출발하여 각 여정에서 유라시아 평화라는 틀로 여러 가지 교류 활동을 하였고, 이루크츠크 알렉산드로 광장에서 회동하여 바이칼로 가서 바이칼천지굿을 했다. 이 때 필자와 네 명의 풍물굿쟁이들은 '평화맞이 풍물패'로 참여하였다.

한러 유라시아 대장정을 통해 만나진 브리야트, 나나이, 에벤키, 우데게이, 니브흐, 울치, 오로치족 등의 소수민족들의 문화(고아시아문화, 시베리아 原문화)는 우리의 풍류와 문화적 동질성을 깊이 갖고 있었다. 모두 고아시아족에 드는 민족들로 연해주와 아무르강 하류에 사는 소수민족들인데 고대에는 말갈족 또는 숙신족으로 알려졌

한러 유라시아 대장정

한러 유라시아 대장정

한러 유라시아 대장정

던 민족들로 여진족 등과 함께 고대에는 우리 민족의 구성원들이었던 사람들이다.

한리 유라시아 대장정 동안 가장 감명 깊었던 것은 시베리아 철도를 따라 거의 100km마다 고려인이 살고 있다는 점이었다.

바이칼 천지굿

알혼섬은 고아시아족의 발원지, 샤마니즘의 성소, 태초의 원시자연, 징키스칸의 태생지 등 고대 아시아문화의 상징처럼 여겨지는 곳이다.

몽골 샤만과 우리 김매물 만신이 어우러져 굿판을 벌이고, 이애주 춤꾼이 춤을 추었다. 평화맞이 풍물패는 알혼섬을 지신밟기했으

강원도의 상쇠들

며, 목진호의 도당굿패는 굿음악을 연주하였다. 이애주의 춤은 험난한 날씨임에도 불구하고 그곳에 모인 모든 사람들을 바이칼 호수에 들어가게 만들었다. 사람들은 유라시아 띠를 잡고 신명 속에서 같이 바이칼에 빠졌다

무천과 강원도 풍물굿

고대 제천의식으로 늘 회자되는 것이 고구려 동맹(東盟), 부여의 영고(迎鼓), 예의 무천(舞天), 그리고 삼한의 수릿날과 계절제이다. 위키백과를 통해 다시 개요하자면,

오늘날까지 이어지는 명절 가운데 단오와 추석, 시월상달 등이 고대 사회의 제천 행사에서 유래하였다. 고조선 시대부터 삼국 시대까지 열린 제천 행사는 다음과 같다.

영고(迎鼓)는 고대에 지금의 만주를 중심으로 퍼져 있던 부여에서 해마다 12월에 행하던 종교 의례로 온 나라 백성이 모여 하늘에 제사를 지내고 회의를 열어 며칠을 연이어 술 마시고 노래하고 춤추었다 한다.
"부여 사람들은 정월이 되면 하늘에 제사를 드리는데, 온 나라 백성이 크게 모여서 며칠을 두고 마시고 먹으며 춤추며 노래 부르니, 그것을 곧 영고라 일컫는다. 또한 낮밤을 가리지 않고 길목에

는 사람이 가득 차 있으며, 늙은이 어린이 할 것 없이 모두가 노래를 불러 그 소리가 날마다 그치지 않았다. "

이렇듯이 영고는 부여의 가장 커다란 종교적 의식이었다. 이를 《삼국지》에서 제천의식으로 표현하였으나, 물론 부여의 토속신을 제사하는 것이라는 견해가 있다. 그리고 그것은 당시의 여러 부족연맹 사회에 공통으로 행해지던 추수감사제의 성격을 띠고 있었을 것이다. 다만 다른 모든 사회에서는 추수기인 10월에 행하는 데 대해서 부여에서만 유독 12월인 것은 아마 원시 수렵 사회의 전통을 이어 왔기 때문인 것 같다. 그밖에 이 날에는 재판을 하고 죄수를 석방하였다 한다. 가무는 오락이 아니라 종교적인 의식이었지만, 어쨌든 상위층 하위층 구별 없이 참석할 수 있다는 것은 아직 이 시대에 씨족 사회의 유풍이 남아 있었음을 알 수 있게 한다.

동예의 종교 의식이며 종합 예술의 하나인 무천(舞天)은 음력 시월(10월)에 하늘에 제사지내고 높은 산에 올라가서 즐겁게 노는 행사였다. 중국 당나라 시기의 돈황문서(敦煌文書)에 포함된 토원책부(兎園策府)라는 글 주석에 따르면, 무천(舞天)은 고조선의 풍속으로 10월에 열린 제천행사였다.

남쪽의 삼한에서는 5월이나 10월 농사의 시필기(始畢期), 곧 처음과 끝을 기하여 5월에는 수릿날, 10월에는 계절제를 열어 제사를 지내고 노래와 춤을 추었다.

"마한에서는 매양 5월에 모종을 끝마치고 나서 귀신에게 제사를 지냈다. 많은 사람이 떼를 지어 노래 부르고 춤추며 술을 마셔 밤낮을 쉬지 않았다. 그 춤추는 모양은 수십 인이 함께 일어나서 서로 따르며, 땅을 낮게 혹은 높게 밟되 손과 발이 서로 응하여 그 절주(節奏)는 마치 중국의 탁무(鐸舞)와 같았다. 10월에 농사일이 다 끝나고 나면 또 같은 놀이를 했다."

원문 : 馬韓 常以五月下種訖 祭鬼神群聚歌舞飲酒 晝夜無休 其舞數十人 俱起相隨踏地低昂 手足相應 節奏有以鐸舞 十月農功畢 亦復如上 － 진수,《삼국지》〈위지〉 동이전 마한조(馬韓條)

"그 풍속이 노래와 춤과 술 마시기를 좋아하고, 슬(瑟)이라는 악기가 있는데, 그 모양은 마치 중국의 축(筑)과 비슷하고, 그것을 탈 때에는 또한 음곡이 있다."

원문 : 俗喜歌舞飲酒 有瑟 其相似筑 彈之亦有音曲 － 진수,《삼국지》〈위지〉 동이전 변진조(弁辰條)

고구려의 종교 의식(추수감사제)이자 제천 행사이며 원시 종합 예술인 매년 10월에 열리던 명절로 하늘에 제사지내고 또 여러 사람이 가무를 즐겼다 하며, 이를 동맹(東盟) 또는 동명(東明)이라고도 한다.

"고구려 백성은 노래 부르기와 춤추기를 좋아하며, 나라 안의 모든 읍(邑)과 촌락에서는 밤이 되면, 많은 남녀가 모여서 서로 노래하며 즐겨 논다. 10월에는 하늘에 제사를 지내는데, 온 나라 사람들이 크게 모여서 '동맹'이라 부르고 있다."

원문 : 其民喜 歡舞國中邑落 暮夜男女君聚 相就歌戲 以十月祭天 國中大會 名曰東盟 — 진수, 《삼국지》〈위지〉 동이전 고구려조

"나라 동쪽에 큰 수혈(隧穴, 襚穴)이 있어, 10월에 국중대회(國中大會)를 열고 수신(隧神, 襚神)을 제사지내며, 목수(木隧, 木襚)를 신좌(神座)에 모신다."
— 진수, 《삼국지》〈위지〉 동이전 고구려조

수렵생활의 전통이 남아있던 영고는 12월에 제천을 했고, 동맹과 무천은 해마다 시월 상달에 공동으로 하늘에 제사를 지내고 춤과 노래로 즐기던 추수감사의 축제였다. 농경의례인 것이다.

이중 무천에 대한 기록을 더 보자면,

무천에 대한 기록은 《위지(魏志)》〈동이전(東夷傳)〉에 나타나는데, '常用十月祭天 晝夜飲酒歌舞 名之舞天(항상 10월에는 하늘에 제사를 지내고, 밤낮으로 술을 마시며 노래하고 춤추는데, 이를 무천이라 한다)'이라는 기록이다.

예의 무천에 관한 기록은 위지 魏志(3세기)와 후한서(後漢書)에 보인다. 〈위지〉 동이전 예전(濊傳)에 "늘 10월절 하늘에 제사하고 밤낮으로 술을 마시고 노래부르고 춤추니 이것을 이름하여 무천이라고 한다. 또, 범을 제사지냄으로써 신으로 삼는다(常用十月節祭天 晝夜飲酒歌舞 名之爲舞天 又祭虎以爲神)"라는 기록이 있다. 〈후한서〉의 기록도 이와 똑같다.

예는 농경을 주된 산업으로 삼고 있던 사회로서, 그 주민들은 별자리를 보고 그해의 풍흉을 알았고, 삼베를 생산하고 누에를 쳐서 옷감을 만들었다. 따라서 농사가 끝난 10월에 행해진 무천은 일종의 추수감사제에 해당하는 농경의례였다고 할 수 있다. 일찍이 농경사회로 진입한 우리 고대사회의 다른 지역에서도 대부분 이러한 농경의례를 행하고 있었다. 부여의 영고, 고구려의 동맹, 삼한의 10월제와 같은 것이 이러한 종류에 해당된다.

동예는 3세기 무렵 강원도 지역에 분포한 부족집단의 총칭이다. 이들 집단이 매년 10월 하늘에 제사하는 의례가 무천이다. 이때는 밤낮없이 술을 마시고, 노래를 부르고, 춤을 추었다고 한다. 무천이란 말은 '춤으로 하늘을 제사한다'는 뜻으로, 가무를 수반한 축제형 의례라 할 수 있다.

예맥계인 부여와 고구려에도 각각 영고(迎鼓)와 동맹(東盟)이란 제천의례가 있었다. 이에 따라 무천 역시 예맥계 종족의 제천의례 가운데 하나라 할 수 있다. 그러나 이들 명칭이 달랐다는 것은 의례의 내용이 조금씩 달랐음을 의미한다. 또 거행 시기가 부여의 영고는 12월인 데 비해 동맹과 무천은 10월이다. 의례의 거행 시기는 의례의 목적과 밀접한 관련이 있다는 점을 고려할 때 동맹과 무천은 영고와 목적 등이 달랐을 것으로 추측된다. 그리고 영고와 동맹이 '나라 안의 큰 모임[國中大會]'이었는 데 비해 무천은 그렇지 않았다는 차이점도 있다.

'나라 안의 큰 모임'이란 의례가 국가 차원에서 거행되었다는 의미이다. 부여와 고구려는 국가 단계로 진입하는 사회였기 때문에,

'나라 안의 큰 모임'으로서 영고와 동맹은 국가 구성원의 통합과 왕권의 성장을 뒷받침했음을 짐작하게 한다. 이에 비해 동예는 폐쇄적인 부족 단계에서 벗어나지 못한데다가 낙랑이나 고구려에 종속되어 있었다. 그러므로 무천은 '나라 안의 큰 모임'으로 거행될 수 없었고, 그 결과 사회적 기능 면에서 영고나 동맹과 달랐다. 다시 말해 삼한에서 10월에 수확제를 거행한 것처럼 무천은 동예의 수확제로서 부족집단의 내부 결속을 다지는 기능을 했다는 것이다.

네이버 지식백과, 무천(舞天)(『한국민속신앙사전』 마을신앙 편, 2009, 국립민속박물관)

고대 제천의식 중 무천에만 있는 기록으로는 범신의 존재이다. 강원도 풍물굿의 중요한 문화, 예술, 미학적 환경인 강릉 단오굿과 연관된 기록이다.

이 무천의 끝에는 범을 신으로 여기고 제사하였다는 기록이 있다. 오늘날까지 동제신(洞祭神)에 범 관념을 따르는 지역이 적지 않지만, 특히 영동지방과 산악지대에 강한 느낌이 있고, 강릉 단오굿의 대관령 서낭신에 얽힌 범 관념은 그 대표적인 것이다. 다른 기록과 달리 무천에서만 범 신이 보이는 것도 영동의 북쪽에 있었던 예(濊)의 것이기 때문에 지리적으로도 고금을 통한 일말의 마음이 괴롭고 아픔을 느끼게 하는 바가 있다고 하겠다.(『민족문화대백과 사전』)

제천은 농경의례였고, 노래와 춤이 있었다. 위키백과에서는 제천이 한민족 예술의 맹아라고 한다.

처음 한국의 신화, 전설, 가요가 구체적으로 불린 자리에 제천 의식이 있었고, 서로 약간의 차이는 있지만 공통적인 생활 모습으로서 무속 신앙(巫俗信仰), 곧 샤머니즘을 가지고 있었다. 또 수렵 경제에서 농업 경제로 넘어오면서 집단적인 부족 회의와 공동적인 제전으로 제천 의식을 열고, 생명의 근원인 창조신과 더불어 곡신(穀神)을 제사지냈다. 이때 각 부족이 모여 단체적으로 가무와 천신지기(天神地祇)를 제사 지냈으니, 비로소 고대 한민족의 예술과 문학의 맹아가 싹텄다.

농경의례이고 노래와 춤이라는 의례 기제를 갖고 있는 고대 제천의례의 정신과 모양새의 흔적이 오늘 날까지 전승되고 있는 것이 동제(洞祭)이다. 그 동제가 마을굿으로 남아있는 것이고, 대부분 이 마을굿에는 풍물굿이 그 핵심적인 문화와 예술로 자리 잡고 있다.

김헌선은 무천과 강원도굿의 상관관계를 연구하고 있는데, "강릉농악은 우리나라 농악의 변죽이 아니라 중심이고 한 복판에 있으면서 동아시아의 전통적인 농악을 알 수 있는 소중한 단서가 된다"라며, 동아시아 여러 나라의 사례와 연관시켜 연구발표하고 있다.[2]

---

2) 〈예(濊)의 國中大會 무천, 그 지속과 변천–농사풀이 농악의 전통과 혁신〉. 2015년 11월 제7회 쇠명인 한마당 학술세미나에서 발표 논문.

백석의 시 「북방에서」를 인용하여 좀 비장한 각오로 "상고대 시대의 전통 속에서 우리의 전통문화가 이어져야" 하고 그것의 핵심이 '예의 무천적 전통'이라고 한다.

그는 고대 제천의식을 신성한 본풀이, 신맞이 행사와 신명풀이 같은 굿놀이, 기축의례의 전통으로 얘기해주고, 무천만이 지니고 있는 특별한 면모로는 좀생이 별보기의 전통과 시월의 상달의례 두 가지가 다 있었던 것이 주목된다고 한다. 좀생이 별보기에 대해서는 다음과 같이 얘기한다.

강릉농악과 같은 전통 기반 위에서 하는 특별한 의례는 바로 좀상날이 2월 6일에 하는 농악 같은 의례가 존재하는 것을 볼 수가 있다. 그것이 기록한 면모가 일치된다. 가령 '曉候星宿 豫知年歲豊約(효후성숙 예지년세풍약)'과 같은 것이 정확하게 일치된다. 현행하는 좀상날의 농악과 거의 문면 일치를 보이고 있다

상달의례에 대해서는 "예의 무천과 현재의 연행민속이 차별성을 지니고 있음을 살필 수가 있다" 정도로 얘기해준다. 그리고 예의 무천에서 배울 바가 있다면 농사풀이 권역의 농악과 깊은 관련이 있다는 것이라고 한다. 이 논의에 대해서는 다음 장에서 다시 다루겠다.

고대 제천이 농경의례였고 의례의 주축이 노래와 춤이고, 그것이 우리 시대의 마을굿으로 남아 있는 것을 전제로 좀 더 적극적으로

얘기하자면, 풍물굿 입장에서 보면, 무천은 강원도 풍물굿의 '오래된 미래'이다. 전승되어온 가치도 중요하지만 오히려 미래가치를 담뿍 담고 있기 때문이다. 무천의 제천 의식(儀式)은 현대에도 제천 의식(意識)으로 나타나기 때문이다. 현대에서 제천(祭天)은 자신의 근본을 돌아보려는 의식(意識)과 깊이 연관이 된다. 이 책 첫째 마당에서 말했듯이, 우리 시대의 대중도 늘 그렇듯이, 성속일여의 욕망을 갖고 있고, 팍팍한 속(俗)만의 현실을 벗어나 근본 의식으로 정화(淨化)되고, 정화(精華)되고픈 욕망이 있기 때문이다. 그리고 고대와는 달리 현대인에게는 신성(神性), 즉 성(聖)의 의식이 인간 안에 내재한다는 의식이 있기 때문이다.

그렇다면 풍물굿의 요체인 굿성, 또는 굿정신은 한마디로 성속일여의 시간과 공간에서의 제의이자 놀이이고, 현대인에게 풍물굿이란 '작은 제천'이 된다. 강원도 풍물굿이 예의 무천을 다시 주시하는 이유인 것이고, 이는 당대성을 갖는 혜안일 뿐더러, 풍물굿이 우리 시대에 더욱 풍성해지고 깊어지는 문화이자, 예술이자, 통과의례가 되게 할 것이다. 미래가치로의 진화가 다시 시작되는 것이다. 무천의 되새김질은 강원도 풍물굿을 오래된 미래가 되게 할 것이다.

이런 관점으로 새삼 강원도 풍물굿을 들여다보면, 수많은 아름다움이 다시 보이기 시작한다. 깊은 신명으로 보이고, 존재적 설레임으로 보인다.

강원도 풍물굿 입장에서 역으로 되짚어본다면, 강원도 풍물굿이 당대에 작은 제천으로, 오래된 미래라는 미래가치로 살아나고 흥해진다면, 이는 동북아 개념으로 확장되고 발전 가능해진다. 동북아 무천의 본향으로 다시 되는 일이기 때문이다. 앞에서 말했듯이 동북아는 고대부터 지금까지 우리 정신사의 근원을 갖고 있는 신화, 역사, 영성, 미학적 동질성이 있는 곳이다. 그러한 동질성, 문화의 공유는 기본적으로 상생이면서 평화의 범주이다. 그리고, 이곳에는 풍류라는 훌륭한 미학적 패러다임의 실천이 가능하다. 굿성이 풍부히 존재하고 있기 때문이다. 게다가 시베리아의 무수한 동질적 원문화대를 거쳐, 스텝로드(steppe-road)라는 자연—문화벨트를 따라 북유럽 오딘신화까지 같은 신화—문화 권역이었고, 이는 '작은 제천'으로, 풍류의 미학으로 순식간에 공감대를 형성할 수 있는 미래 평화벨트가 될 수 있다.

풍물굿의 세계화, 평화와 공생으로의 세계화로 발전할 수 있는, 웅크리고 있는 씨앗덩어리가 지금의 강원도 풍물굿인 것이다.

강원도의
상쇠들─❶

미학적 뿌리

셋째마당

'굿노동'하는
상쇠들

01_강원도 풍물굿의 미학적 환경들

강원도 풍물굿의 미학적 특성

강원도 풍물굿, 특히 영동굿은 철저한 집단굿의 시스템이다. 치배들과 그 개성들이 부분과 전체로 엮인 것이 아니라 아예 치배들 모두가 오로지 하나의 덩어리가 되어 신명을 만들어낸다. 치배들의 연행이 보이는 것이 아니라 굿 자체가 신명으로 현현한다. 굿의 이면, 굿의 존재이유가 명확하다. 잘 짜여진 집단굿에 다들 온전히 하나가 되어 춤추고 노래한다. 군더더기 없는 전일굿(全一, holistic)이다. 전형적인 '오래된 미래'로서의 원시굿이다. 제천의 의식과 가깝고 제천의 춤과 노래에 가깝다. 사람의 시간으로 사람들의 즐거움만을 위해 연행하는 것이 아니고, 사람과 신(영성)의 시간을 같이 일여(一如)시켜서 존재의례를 한다. 존재적 재미와 감동과 깨달음이 있는 굿이다. 그리고 그것이 힘차다. 원시적, 근원적 집단신명을 창출하기 때문이다. 집단무의식의 원천적 창출 기제의 전형을 담뿍 갖고 있다.

굿의 흐름도 목표를 향해 분명하게 짓쳐들어가는 단선율이다. 그레고리안찬트의 성스러움이 힘으로 존재한다. 일사분란하게 단호하다. 군더더기가 없고 잘 짜여지고 아구가 딱딱 맞는다. 그 기세를 가지고 어디론가로 끊임없이 나아간다. 가락도 그렇고 진법도 그렇다. 심지어 복색도 그렇다. 행전조차도 그렇고, 머리에 쓴 퍽상모 힘도 그렇다 심지어 소고채도 그렇다. 남도풍물굿 처럼 여유나 미소조차 없다. 보여주기식 기예도 없을 뿐더러 아예 무의미하게 여긴다 이미 사람만의 일이 아니기 때문이다. 모두 다 사제가 되기 때문이다.

앞굿과 뒷굿이 같이 있다. 아니, 그런 분류조차가 애초부터 없다. 시작부터 끝까지 오로지 대동기제의 형식이다. 불문곡직 처음부터 신명을 조직해낸다. 각 개성을 통해 집단신명으로 진화하는 필봉굿의 재능기영산 정신은 이미 내재화되어 있다. 미지기 영산처럼 한 거리의 굿 형식으로 짓쳐들어가는 것이 아니라 아예 굿 전체가 '역동성이 중층된 미지기 영산'이 된다.

무엇보다 혼신의 힘을 다 한다. 노동을 한다. 탈진할 때까지 노동을 한다. 굿노동을 하는 것이다. 종래는 치배, 즉 사람이 없어지고 굿만 남는다. 아, 시원적 집단무의식이 현현하는 것이다.

필자가 『강원도 풍물굿의 아름다움』에서 썼던 굿노동을 인용하자면,

　　강원도 풍물굿의 당대적 아름다움은 그 원시성에 있다. 그를 위해 절절하고도 강인한 노동을 한다. 굿노동인 것이다. 쉴 사이 없

이 몰아가는 굿노동의 전투성은 우리 삶의 근원적 힘을 반추하게 하는 하나의 통과의례가 되게 한다. 그래서 지금, 우리 시대에, 깊은 울림을 준다. 개발독재와 문화산업의 시대를 지나오면서 우리 삶의 근본은 많이 상하거나 훼손되었다. 그러나, 그래서, 우리 시대의 시대정신과 몸과 마음의 영혼스러움은 다시 환기되기 시작했고, 그러한 갈망은 강원도 풍물굿이 원래 갖고 있었던, 원시성을 향한 전투력을 새삼 반추하게 하는 시각을 주었다.

강원도 풍물굿은 근원노동으로서의 힘을 갖고 있다. 우리 시대의 감수성과 가치 지향의 눈으로 보면 보이는, 근원 노동으로서의 풍물굿인 것이다.

강릉농악은 명확한 원시적 제의성을 통한 깊은 굿성을 갖고 있다. 그 굿성과 양식적 표현을 한마디로 얘기하자면 '굿노동'이고 그것으로 근원을 추구한다. 굿도 노동하고 치배도 노동한다. 굿은 통과의례로 노동하고 사람은 지극정성으로 노동한다. 그런 굿노동을 통해 왜 풍물굿을 하는가에 대한 근원적인 이유를 만든다. 당연히 뚜렷한 굿의 목표가 있기 때문에 굿은 일사불란한 성격과 목적을 가지고 일사불란하게 흐른다. 게다가 대회농악의 형식을 가지면서도 굿 본연의 정신과 기개를 놓지 않고 연행할 수 있는 힘이 있다.

풍물굿 내용도 굿노동이지만, 그 의례의 힘을 알고 있는 치배들도 중노동을 한다. 몰아(沒我), 탈아(脫我)의 경지까지 노동하며 굿의 목표로 짓쳐들어간다. 지극 정성을 다해 굿을 친다. 그 직조의 과정에서 치배들은 굿의 밖으로 나오지 않는다. 개인의 멋이라는 것으로 돌출되지 않는다. 오로지 굿에 복무한다. 굿 전체의 흐름을 각 개인들이 전혀 깨지 않는다. 그래서 30여분 정도의 굿을 끝내고 나오는 대부분의 치배들은 거의 탈진한 상태이고, 그렇게 굿 신명으로 통과의례된 표정은 밝고 기쁨에 차 있다.

이러한 풍물굿이 힘을 잃지 않고 전승되는 것은 굿 자체 텍스트만의 힘이 아니라, 굿이 놓일 자리(사회·문화·인문적 콘텍스트)가 분명히 존재하기 때문이다. 강원도 풍물굿이 오랜 시간 동안 이 근원적인 풍물굿을 놓지 않게 했던 사회·문화적인 환경이 있었기 때문이다. 그 중심에 강릉 단오제가 있다.

단오제와 굿당

강릉농악이 오랫동안 통과의례의 풍물굿으로서 지금도 여전히 이루어지고 있는 이유 중에서 빼놓을 수 없는 것이 단오제의 존재이다. 오랫동안 강원도 주민들에게 사랑받아왔던 힘 있는 축제가 커다란 밑천이 되었다. 풍물굿 입장에서 보면 이보다 좋은 문화력이, '놓일 자리'(콘텍스트)가 없을 정도로 복을 받은 것이다. 단오제는, 하늘문이 열리는(端午)날 그 기운을 서낭을 통해 굿당에 가져오고, 이 기운으로 사람들을 모시고, 축원, 덕담의 노래와 춤으로 세상 사람들에게 근본과 근원을 새삼 환기시키게 하고 몸과 마음을 덥혀준다. 단오제의 문굿은 여늬 문굿들처럼 인간들의 이질적인 집단을 한시적 공동체가 되게 하는 것을 넘어서서 성과 속이 한시적 공동체가 되게 하는 강력한 통과의례이기 때문이다.[1]

강릉단오제는 커다란 규모이고 난장도 크게 서는 데도 불구하고 전혀 흐트러짐이 없이 진행된다. 제의라는 중심이 명확히 있기 때문이다. 그리고 한 가운데 굿당이 있기 때문이다. 그 기운이 단오제의 시간과 공간을 제의로써 잡아놓기 때문이다. 열흘 동안 벌어지는 전국적인 축제 형식임에도 불구하고 싸구려 난장이 중심이 되는 축제들과는 달리 제의라는 절차가 흐르는 힘이 있기 때문이다.

대관령국사 성황길놀이

대관령국사성황제는 원래 4월 보름에 열렸던 산신제인데 도시 전체가 하는 대규모 성황제이다. 이것이 제로 끝나지 않고 성황신을 모시러 가고 모셔오는 길놀이를 하는데 장관이다.

4월 보름이면 강릉에선 대관령에 올라가 산신제를 지내고 국사 성황신을 모셔오는 행사가 벌어진다. 이 성황신을 모시러 가는 행차는 아주 장관이었다고 알려져 있는데, 강릉의 전승향토지에 자세히 기록되어 있다. 나팔과 태평소, 북, 장고를 든 창우패들이 무악

---

1)   拙著, 『강원도 풍물굿의 아름다움』.

을 울리는 가운데, 호장, 부사색, 수노(首奴) 등의 관속, 또 무당패들 수십 명이 말을 타고 가고, 그 뒤에는 수백 명의 마을 사람들이 제물을 진 채 대관령 고개를 걸어 올라갔다는 것이다. 요즘은 그 험준한 길을 차를 타고 올라가게 되어 있어, 신심 깊은 시민들이라면 옛 시청 앞에 미리 준비되어 있는 버스를 타고 여전히 산신제와 국사성황제에 참여한다. 산신당과 성황사는 대관령 정상에서 북쪽으로 1km쯤 떨어진 곳에 있는데, 우선적으로 산신제는 유교식으로 모시는 게 보통이다. 이어서 대관령 국사성황 신위를 모시고 행하는 성황제에서는, 강릉시장이 초헌관을 맡아 민관이 합동하는 모습을 보여준다. 제사가 끝나면 무당이 부정을 가시고 서낭을 모시는 굿을 하며, 이어 무당 일행과 신장부는 산에 올라가 신목을 벤다. 신목은 국사성황신이 인간 세계로 내려오시는 길이자 신체의 기능을 한다고 믿기 때문에 매우 중요하게 여겨지는 것이다. 강릉단오제의 신목은 단풍나무로, 요란한 제금 소리와 무녀의 축원으로 신목을 잡은 신장부의 팔이 떨리면 신이 강림한 것으로 믿고 신목을 베어서 내려온다. 이 때 사람들은 다투어 청·홍색의 예단을 걸어 소원 성취를 빌며, 성황신의 위패와 신목을 모신 일행은 신명나는 무악을 울리면서 대관령을 내려오게 된다.[2]

길굿, 길놀이는, 성속일여의 길을 가는 굿이고 놀이이다. 길굿이

---

2)   네이버 지식백과, 국사성황제(문화콘텐츠닷컴, 문화원형 용어사전, 2012, 한국콘텐츠진흥원)

다녀야 할 길은 현실의 길이 아닌 것이다. 풍물굿에서는 반드시 신기(서낭기) 의식으로 신격의 내림을 받아 그것을 인간이 가지고 다녀야 길굿이 된다. 즉 신격의 시간을 인간의 신성공간으로 나르면서 신격의 시간과 인간의 시간을 절합시켜야 풍물굿의 길이 된다. 성과 속의 길, 두 가지로 새로운 시간의 길을 열어놓아야 풍물굿판은 본격적으로 시작될 수 있는 것이다. 이 국사성황제는 신목을 모시러 가고 모셔오는 것을 넘어서서 아예 길굿 자체를 하나의 완성된 굿판이 되게 한다. 대형 길굿판인 셈이다.

재미있는 것은 몇 년 전부터 이 행사를 단오제에 행사에도 들였는데 신통대길 길놀이라는 이름으로 놀아진다. 단오제 굿당으로 가는 성황 이운(移運) 형식의 행진축제 놀이이다.

영신 행차는 본격적인 강릉 단오제 행사에 앞서 대관령 국사 성황 부부를 국사 여성황사에서부터 남대천(南大川) 가설 제단으로 모셔가는 행사이다. 이때 대관령 국사 성황 부부의 위패와 신목이 앞서고 제관, 무당, 관노 가면극 연희자가 호위하며 강릉 농악을 비롯한 여러 놀이패와 강릉 시민들이 단오등을 들고 참여하여 대규모의 길놀이가 벌어진다. 이 영신 행차에 시민들이 강릉 단오제와 관련한 민속이나 마을의 자랑거리 등을 주제로 놀이를 꾸며 참가한 것이 바로 신통대길 길놀이다.[3]

---

3)   네이버 지식백과, 신통대길(神統大吉) 길놀이(한국향토문화전자대전, 한국학중앙연구원).

별신굿

동해안 별신굿은 동해안 전체에서 벌어지지만 단오제 때는 남대천 굿당으로 들어온다. 내노라하는 굿쟁이들이 다 모이는 커다란 굿판이다. 한 일주일 하는데, 많은 굿거리가 있지만 개인적으로 박금선 무녀의 굿거리는 늘 장관이고 절경이라고 여긴다. 노래와 춤이 온화하고 그윽하다. 그러나 절절한 힘으로 강하다. 무엇보다 정성덩어리의 굿거리이다. 굿노동을 그리 정성스럽게 한다. 단오제 때 굿당의 힘이 무엇인지, 왜 단오제의 중심으로 작용하는지 강하게 느껴지게 한다.

필자가 언젠가 박금선 무녀의 굿거리를 보고 너무나 감동하여 단숨에 써내려간 글이 있어 소개한다.

동해안 별신굿에 청보 장단이라고 있다. 장단 시스템은 아주 복잡한데, 그와 때론 순환하거나 때론 업고 타고 먼저 가고 흘리고 엇지르고 가면서 부르는 무가(巫歌)는 참 자유롭고 의외로 낯익다. 그리고 가만히 근처에 앉아 있으면, 그 절절함과 안온함도 낯익다! 마음이 열려 있다면, 처음 듣는 이에게도 그렇다. 도대체 그렇게 복잡한 형식의 장단이 운영됨에도 불구하고 그 소리 자체는 왜 그렇게 자연스럽게 친근한지 참 묘하다.

청보 장단은 크게 다섯 가지의 장단 시스템으로 구성되어 있는데 이게 장단만 따지면 상당히 심란할 정도로 복잡하다.

1장은, [♪ ♩ ♩ ♪♩](8비트)을 한 악구(樂句)로 하는데, 이 악구를 한 박자로 셈하여 다섯 개 박자가 모여야 한 장단이 된다. 비트로는 40개. 근데, 무가를 할 때면 그 다섯 개의 박자 네 개가 한 '마루'를 이룬다. 20개의 박자가 한 '집을 짓는' 것이다. 그리고 타악과 무가가 그 20박자로 서로 엇질러 겹치며 순환하는 형식을 가지고 있다. 기실 그래서 장단은 20박자로서 의미로와진다. 세상에, 160개의 비트를 가지고 한 장단의 의미를 만들다니! 일상의 시간성으로는 물론 어림없는 일이다.

무가는 첫 박자부터 시작하는데, 징 박은 첫 시작이 다섯번째 박자에 놓여난다. 즉 장단과 노래가 다섯 박자씩 어긋나는 것이다. 그 위에, 노래만 한 장단, 타악만 한 장단을 교대로 내는데, 그저 눈으로, 귀로만 좇는다면 이게 도대체 어디가 시작이고 어디가 끝인지 당최 알 수가 없어진다. 게다가, 무가를 부르는 무녀나 장단을 내는 '당중'이나 서로 괘념치 않고 겉보기에는 자기네들 마음대로 간다. 근데, 그게 하나의 정서로 상승할 뿐더러 전혀 낯설지 않다. '어울린다'는 말의 의미와 그 깊이가 제대로 실감이 나는 것이다. 게다가 악사 구성이 장구 하나, 징 하나에, 꽹가리는 무려 서너 개나 되는데 그 서너 개의 쇠도 저마다 친다. 그 시끄러운(?) 쇠를 일견 짜거나 맞추어내지도 않는다. 근데, 이게 또 무지막지 황홀하다. 막 어디론가로 그저 내치게 한다. 또 게다가 장구잽이가 장단의 흐름과 거의 상관없이(내용으로는 물론 상관–상승하며) '바라지'(일종의 추임새인데 추임새보다는 길고 구음으로 하는 자체 선율을 가지고 있다. 무가와 이리저리 '부침새'를 하거나 때론 혼자 튀기도 한다)를 하기 때문에, 무가가 시작되고 나서부터는 장단 자체를 헤아려보는 일은 이제 아주 쓸 데 없는 일이 되어 버린다. 그런데, 심사는 포기하지 않은 채 그렇게 아예 장단 자체에 무심해져 버릴 수 있다면 이제는 새로운 귀가 열리기 시작한다. 마음이 스르르 동원되는 것이다.

2장은, 마찬가지 구조인데 느린 3비트. 3장도 2비트로 하는 마찬가지 구조. 4장은 빠른 5비트로 하는 4박자가 한 장단을 이루고 징은 첫 점(點)으로 돌아오는 동시에 잦아진다. 징점이 장단에 형식의 미를 부여하는 게 아니라 이제는 장단과 '타는' 것이 되는 것이다. 이 때쯤 되면 무가는 들리는 것이 아니라 무녀와 더불어 경중경중 도약하기 시작한다. 5장은 4장과 마찬가지인데 3비트. 그리고 1장부터 5장까지는 점차 빨라진다. 한 시간여 동안 알 듯 모를 듯 그렇게 조금씩. 대단한 공력이 아닐 수 없다.

왜 이런 복잡한 장단이 만들어졌을까? 8비트, 5비트라는 고형(古形)의 장단을 중심으로 왜 이렇게 정교하게 장단을 짜놓았는지…

강릉 단오제와 영산 줄다리기는 그 중심행사가 명확히 있는 큰 굿이다. 여느 축제와 같이 내용·형식이 난잡스럽지가 않고 제의성과 놀이성이 필요충분하게 잘 구성되어 있는 아주 좋은 굿이다. 그래서 단오제의 제천성은 우리의 불안한 존재의식을 안돈시켜 주고, 영산에서는 사람을 '애살'에 빠뜨려 '산다는 영역'의 열락을 새삼 되돌아보게 하는 동시에 정화시켜준다. 필자는 그래서 가급적 해마다 이곳들을 순례하는 편인데 사정상 몇 년을 까먹었다. 얼마 전에는 그저 훌쩍 떠날 일이 있었는데 동해바다 가는 길에 그 별신굿 벌어지는 남대천 굿당에 하루를 앉아 있었다. 참으로 안온했다. 젊었을 때, 굿에 관해 알아야 한다고 여겨졌을 때는 장단 살피랴, 굿거리의 의미를 따지랴, 이게 어째서 민중성을 가져 왔는가 등등 굿을 헤아려 보느라고 사실 굿을 듣거나 보지 못했다. 전혀 굿에 안 열려있던 것이다. 근데, 삶—죽음이 같이 사고되는 나이로 접어들어서인지(?) 그 일상—비일상의 시간이 못내 익숙해지면서 참 간만에 무심하게 앉아 굿에 귀를 열었던 것 같다. 아, 몸도 마음도 생각도 흔쾌하게 무심해지고… 그저 건들 앉아서 굿하고 같이 떠다니는 그 시간이라니…

별신굿은 사흘 동안 벌어진다. 한 30여 '거리'나 되는 큰굿이라 하루에 한 열 거리 정도밖에 못한다. 굿판에는 취재하는 민속학도 몇 빼고는 대부분 할머니들인데 이 분들은, 굿을 꽤나 구경하러 다닌 필자도 어림 반 푼 어치 없을 정도로 굿에 안온해 한다. 아마 내리 사흘 동안 그렇게 앉아 있을 것이다. 앉아 있는 그 때깔들도 거의 보살 수준이다. 다들 관음보살까지 갈까봐 슬쩍 질투나기까지 했다. 그 마음 동원 수준이라니, 그 속내로 하는 삶의 추임새라니… 참 의젓하고 평안하다. 세상의 모든 인식론(존재론)은 이제 아무 것도 아닌 일이 되어 버린다. 그저 이렇게 한 세상이 높은 차원으로 '공(空)'이 되어 가고 있는데…

이 할머니들이 '굿전' 내놓는 대목도 장관이다. 무당들이 꿀맛 같다고 하는 '별비'를 가끔씩 걷는데, 이렇게 좋은 큰 굿판에서는 돈 내놓고 받는 모양이 서로 어색하지가 않다. 한 참을 치마 속에서 꼼지락거리다가 내놓는 돈은 대부분 천 원짜리인데, 적다고 쑥스러워 하거나 미안해하거나 함이 없이 당당하게 내놓는다. 너도나도 우~ 하니 내놓는다. 안 그러면 자기 삶과 자신들이 애정을 쏟고 있는 사람들의 안녕이 금방 달아날까 봐 안절부절하기까지 한다. 꽹가리 엎어 돌리는 무녀들도 내건 말건, 그리고 돈의 액수에도 괘념치 않고, 서로 손도 잡아주고 그런다. 부조(扶助)를 넘어서 다른 차원의 커뮤니케이션을 하고 있는 중인 것이다. 그 면에서는 별신굿의 무녀들이 높은 자부심을 가지고 있는 것 같다. 대부분 큰굿의 개념과 경험이 없는, 개인적 기복(祈福)을 주로 해주는 작은 무당이나, 주위에 지천으로 있는, 경제적으로 노골적인 무당들이 돈 걷는 것에 굿을 종속시키는 그 잘디 잘은 혈안(血眼)이 없다. 남도 씻김굿이나 동해안 별신굿같이 큰굿 속에서 단련된 정통 세습무들은 그 덕이 참 풍성하다. 그래서 이런 좋은 굿판에서 할머니들의 굿전은 그저 '마음돈'이 되어 상승하고 그것은 상생(相生) 차원에서 역(逆)축원이 되는 것이다. 무당의 축원에 다시 더 높게 은전(恩典)해 주는 그 마음이라니… 살벌한 경제 차원의 돈이라는 것을 매개체로 쓰는데도 이렇듯 질 좋은 가치를 만들어내어 삶─죽음을 아우르는, 이 상생 축원 의례의 사뭇 진정스러움은 세상을 축원하러 세상 속으로 흘러 들어오지 않겠는가?

그 첫날에 부정굿, 서낭굿, 청좌굿 정도밖에 굿 속으로 못 들어갔다.

부정굿은, 대개 모든 굿의 초두굿인데 풍악부터 요란히 잡은 다음에 주무(主巫)가 신칼로 바가지의 물을 제사장 주변에 뿌리면서 모든 부정한 것을 씻어낸다. 서낭굿은, 형식은 단오굿의 주신인 서낭신을 모시고 대동땅의 안과태평을 축원하는 의식인데 대부분 참여자들의 마음의 중심을 잡게 해준다. 그 다음에 하는 청좌굿에서는 여러 신들을 좌정시켜 평안과 생산의 풍요로움을 빌고, 신병(身病) 예방과 수명장수, 조상신의 숭배와 영혼들의 천도를 빈다.

필자는 이 청좌굿에 그만 넋이 나가버렸다.

무녀 혼자 나온다. '푸너리' 장단에 춤을 천천히 추기 시작한다. 요란한 손놀림이나 디딤새가 전혀 없다. 그저 어깨 들고 가끔 팔 한 번 올리고 내리고, 천천히 돌기도 하고. 눈조차 안으로 슬며시 닫혀있는 것 같다. 그렇게 우아할 수가 없다. 많은 춤예술가들이 이 형식미만 극대화시켜 무대에 올려놓았는데, '볼' 춤은 있게 만들어 놓았지만 전혀 마음이 '이미 흔쾌히 동'하지 않는 멋춤으로만, 그야말로 혼 없는 춤으로만 가시화시키는 경우가 태반이었었다. 예술이 '놓일 자리'를 전혀 사고하지 않은 게으름은 그렇게 춤조차도 오히려 '예술'로써 몸과 마음과 혼을 괴리시켜 놓는 것이다.

곧, 예의 청보 장단이 악사로부터 시작되고 무녀는 무가를 시작한다. 안온한 마음이 팽팽히 긴장되며 더 안온해지기 시작한다.

더 놀란 것. 청보 장단은 점차 빨라지고 무가도 점차 샤우팅(shouting) 된다. 근 한 시간에 걸쳐 쉼없이 무가는 뭔가의 무게를 입히고 떨치고 하며 어디론가 치닫는다. 록커(rocker)들의 샤우팅, 그 속내는, 세상에 저항을 한다고 스스로들 여기는 모양이지만 기실 현실의 추수(追隨)적 항변 수준을 벗어나지 못한다. 근데, 이 무녀의 샤우팅은, 어느덧 '현실이자 그 너머'인 현실 절경을 그려내면서, 산다는 것의, 광활함과 눈물 한 방울의 응축이 같이 있는, 그 째지는 것을 새삼 돌아보라고 종용한다. 은근한 샤우팅! 그 아름다운 목청! 세상을 노래로 내지르고, 세상의 안팎을 즐겁게 예감해 주고, 그래서 세상을 안아주는, 그 축원.

무녀는 용맹하게 탈진되고 필자도 달게, 반 너머 탈진되어버렸다. 무녀는 주었고 나는 받았다. 뭔지는 몰라도 우리는 뭔가로 소통을 한 것이다. 그리고 이제는 다른 차원으로 또 안온해지기 시작했다. 그리고, 저 밑에서 뭔가 반석이 차 올라오고, 먹먹한 애정, 나와 세상과 그리고 뭔가에…

근데, 다 끝난 줄 알았는데, 무녀가 이제는 춤을 추기 시작한다. 시작할 때의 춤과 모양은 같은데 내용은 '이미' 달라졌다. 새로운 시간이 열렸는데, 그 춤이 같을 리가 있나. 아, 그 절절하고 눈물 나고, 그래서 대동의 힘과 격이 있는 우아함이라니. 참 '잘 하는'('잘 추는' 것이 아니라) 춤, 그 예쁜 춤, 그 고운 춤, 참 고마운 춤이다. 춤의 마음씨인 것이다.

진짜 끝난 줄 알았는데, 글쎄 이 기진한 무녀가 계속 서서 덕담을 하기 시작한다. 조근조근한 일상의 말투로 가정이 평안하기를, 세상이 평안하기를, 심지어 사람들 점심 걱정까지 해준다. 그러더니, 또 못 이겨 이제는 노래를 한다. 사람들에게 익숙한 노래를. 나중에 노무(老巫)가 나가라고 등 떠밀어도 안 나간다. 아쉬워서…

02_헌농굿
– 강원도 풍물굿의 미학적 뿌리

강원도 풍물굿은 아름다운 굿노동을 한다. 굿노동은 성속일여 차원의 노동의 춤과 노래로 근원을 호출하는 의례노동이다. 유한 존재 인간의 최고의 노동이고 재미와 감동으로 하는, 존재의 근원을 깨닫는 방식이기도 하다.

강원도 풍물굿이 이 굿노동으로 하는 신명의례의 본질은 헌농(獻農)이다.

사람들은 신전이나 영전에 꽃을 바친다. 헌화(獻花)이다. 행복지수가 높다는 캄보디아나 라오스같은 나라의 사람들은 아무리 가난해도 늘 헌화한다. 신을 예우하고, 그 정성을 통해 자신의 영성과 삶을 예우한다. 신은 늘 현실에 같이 있는 것이고 공경되지만 사실은 삶이 공경되는 것이다. 헌주(獻酒), 공향(供香)도 마찬가지로 신과 삶을 깊은 정성으로 예우한다.

헌주(獻奏)도 신에게 음악을 연주하여 바치는 형식을 통해 성속일여라는 존재로서의 삶을 스스로 공경한다. 존재를 되새김질하는 음

악인 것이다. 풍물굿에서 헌주(獻奏)의 내용과 형식미를 갖는 아름다운 굿거리가 좌도굿의 영산이다

영산은 의식(儀式)이다. 쇠잽이들이 않아서 가락을 내고, 모든 치배들이 절제하는 것은 뭔가의 형식을 만들어 나가기 때문이다. 갖추어 놓은 형식(가진영산)의 가락으로써, 마치 제관들이 무릎을 꿇고 앉아서 깨끗한 제상을 준비하는 것처럼 의식을 치른다. 쇠잽이들이 돌아가며 헌주(獻奏)를 한다. 가락이 차려지고 술이 되고 정갈해지고 맑아지고 세상에 대한 애정이 된다. 헌주(獻酒) 의식이 되는 것이다. 풍물굿적인 헌주의식인 것이다…. 부포의 영산은, 그 헌주(獻奏)는 드디어 헌화가 된다. 드디어 부포짓이 시간꽃이 되는 것이다. 부포의 쇠잽이들은 현실을 차곡차곡 접어 시간꽃을 만든다. 신격에 그 시간꽃을 접속한다. 시간이 발전되고 언어가 발전된다. 그 꽃은 다시 현실로 피어나고 세상은 사람에게 열려진다. 아, 이 진지한 열락의, 세상으로 열린 창(窓)! 아니 몸. 그 몸의 시간꽃… 영산은 현실을 접는 시간꽃으로 헌주를 하며 세상에 헌주, 헌화 의식을 치러낸다. 풍물굿적으로, 가진형의 가락으로 차려놓고 부포로 헌사한다. 풍물굿으로 잘 차려진 소지 의식이며, 잘 짜여진 축문과 비나리이다.[1]

강원도 풍물굿은 헌농(獻農)하는 굿이다. 제천의 힘까지 갖춘 아

---

[1]   拙著, 『풍물굿연구』.

주 강력한 농경의례이다. 농사풀이가 주된 내용으로 보여지는 풍물굿이 아니라 굿 자체가 헌농하는 퀄리티를 가진다. 강원도 민속을 우리 삶의 보물창고로 만들어주는 열정적 학자 장정룡은, 제천을 '노동의 결과에 대한 긍지와 기쁨이 반영된 가무놀이', '농사과정의 노동 동작들을 율동적으로 반복하면서 농사일을 창조하여 대를 물려준 조상들을 찬양하고 풍작을 이루게 해준 하늘에 감사의 표현을 하는 것'[2] 이라며 강원도 풍물굿의 시원과 연관시킨다. 일제 시대 소설가 이무영은1938년의 강릉농악대회를 보고 '농민들의 가슴에 차는 벅찬 감동을 표현하려고 애쓰는 것' 같다라고 표현한다.

강릉농악의 특징을 찾는다면 그 원시적인데 잇을 것이다. 나는 어려서 남조선의 농악을 구경했지만은 이보다는 훨씬 예술적이엇던 같이 기억된다. 강릉농악이 원시적인데 비하야 남조선의 농악은 예술적이오, 강릉농악이 소박성인데 비하야 남조선의 농악은 기교적이다. 율동이며 표정, 음률 모든 것이 지나치게 단순하다. 그리고 좀 더 선의 미ー무용적인데가 잇엇더면 싶다. 그러나 남조선의 농악처럼 통속적이 아닌 점에서는 퍽 조타. 더욱이 파종, 이앙, 춘경, 수확시절에 농민들의 가슴에 차는 감동을 표현하려고 애쓰는 것 같은 노력만은 높이 평가해야만 할 것이었다.[3]

---

2) 장정룡, 〈강릉농악과 무천제의 전승성 고찰〉, 제 7회 강릉농악 정기학술 세미나.

3) 장정룡, 위 글에서 재인용.

농사풀이는 지신밟기와 더불어 생산주술적 원리를 바탕으로 하며, 풍농의 원리를 가지고 있다. 겉보기에 모의농경놀이 같지만 그 내용은 생산자로서 하는 자긍의 통과의례의 굿이다.

무엇보다 굿중에 있는 농사풀이의 굿적 존재이유가 명확하다. 생산자의 자긍심으로 하는 통과의례굿 성격이 강하기 때문이다. 더구나 연행도 빈틈이 없을 정도로 조직적으로 운영되고, 치배들이 가장 정성스럽게 굿을 짜들어간다. 소고, 법고, 무동들이 진을 이리저리 바꿔가며 등퇴장하고 자리를 바꾸고 시작과 끝의 규율을 엄격히 하고 쉴 사이 없이 자신의 춤을 추고 상모를 돌리고 각 풀이에 대한 연희를 한다. 헉헉댈 정도로 중노동을 한다. 굿 자체가 늘 대단한 활기를 가지고 있을 수밖에 없다. 보여주기식 연행이 아니라 통과의례의 신명을 가지고 진짜 제례를 치르기 때문이다. 치배들은 마음과 정성과 신명과 노동을 가지고 이 굿을 치루어낸다. 몇 가지의 다른 가락을 쓰지만 빠르기는 대동소이하고 모든 가락과 그 조합은 어디론가로 끊임없이 몰아가는 성격을 가졌다.[4]

강원도 풍물굿은 제천의 원시성이 문화적으로 바탕 되고, 농사풀이가 기저층위가 되고, 성황모시기와 황덕굿같은 성황제의 전통이 습윤되며 발전되었다. 게다가 굿을 노동한다는 생산자적 자긍심으로서 만들어내는 거센 기운의 대동신명이 강원도 풍물굿을 하늘을

---

4)   拙著, 『강원도 풍물굿의 아름다움』에서 부분 인용.

빌어 하늘과 사람을 공생 예우해주는 헌농(獻農)굿 차원으로 진화시
켰다. 풍물굿으로 하는 '작은 제천'이 된 것이다.

03_강원도 상쇠들의 미학적 퀄리티

풍물굿의 상쇠는 지휘자, 연행자, 제관, 교육자, 전승자 등 여러 가지 역할을 한다. 『민속문화대백과사전』에서는 상쇠를 이렇게 말한다.

농악 연주자의 일원인 꽹과리 주자 가운데 우두머리로 연기에 있어서 가장 뛰어날 뿐 아니라 농악대원들을 이끌고 놀이를 진행시키는 제1 꽹과리연주자로서 지휘자 구실을 한다. 상쇠는 가락을 농악대원들에게 전달하고 동제(洞祭)에서는 제관이 되며, 집돌이로 지신밟기를 할 때는 고사창을 하고, 판굿에서는 진풀이의 선도자가 되는 등 모든 농악을 총지휘한다. 특히 호남지방의 동제는 농악대가 시제(施祭)하는 당산제이므로 상쇠는 한층 신관(神官) 기능이 강하게 작용된다. 이러한 관점에서 볼 때 상쇠의 지위는 옛날에는 무격(巫覡)이었을 것이므로 꽹가리를 울려 신을 맞이하고 신과 교감하거나 잡귀를 몰아냈을 것이며, 멍석말이와 같은 행락(行樂)놀이의 선도자가 되어 저승과 이승을 이어 영생한다는 무교와 불교적 종교 관념을 실수(實修)하는 신관적 기능을 가지고 있었으며, 또 한편 진풀이로 군진법의 실여 놀이를 지휘한 군관이기도 하였을 것이다. 따라서 고대 농악에 있어서 상쇠는 주술능력(呪術能力)이 발달한 무관(巫官)이었을 것이라는 것이고, 훗날 전란시대에는 군관적인 지위에서 농군악을 지휘하였을 것이라는 추리가 가능하다. 상쇠는 농악단을 지휘하는 사람이기에 옷이나 장식품이 가장 화려하다.[1]

풍물굿은 본래 무격(巫覡)들이 제천의식을 행할 때 신악(神樂)으로 사용하거나 마을을 돌아다니면서 귀신을 쫓고 복을 맞는 의식예능에서 파생되었으며, 이 의식예능 굿에서 노동굿(두레굿), 걸립굿, 연예적 농악으로 발전했을 것으로 추론된다. 상쇠는 다분히 무격의 역할을 해왔을 것이고 풍물굿은 그런 주술적 음악과 춤으로 발전되어왔다. 공동체의 무격이 그렇듯이 여러 가지 역할을 하여왔다. 그래서, 상쇠가 죽으면 굿이 단절되는 일이 비일비재했다.

그래서 그런지 상쇠는 일종의 사제로 여겨진다. 굿을 주재하는 사제로 인식되어진다. 굿성, 즉 성속일여의 시간과 공간을 신명으로 만들어야 하기 때문에 더욱 그럴 것이다. 그래서 상쇠는, 아니 상쇠뿐 아니라 굿쟁이들의 됨됨이는 중요하다. 굿성 없이 이리저리 표현만 하는 싸구려 예술가가 아니기 때문이다. 그래서 노래와 춤뿐 아니라 자신 삶을 전반적인 면에서 신장시켜야 한다. 좋은 지무와 여러 현자들이 늘 자신을 정화하고 늘 세상의 안녕을 진정스럽

---

1)　　『상쇠』(노수환, 학민사, 2008)에서 재인용.

게 기도하듯이 굿쟁이는 나름대로 스스로의 격과 향기와 결과 때깔을 숙성시켜야 한다. 그런 능력으로 노래와 춤을 익혀야 한다.

그래서 그런지 풍물굿을 전해 내려온 1세대 상쇠[2]들은 나름 그런 경지가 있다. 나이들어 경험이 쌓여있는 연조(年祚)뿐 아니라 삶의 색깔과 빛이 좋다. 삶의 조성인 연조(年調)가 있는 것이다. 살아온 복이 쌓였고, 삶을 고르어서 어울리고 균형 잡고, 화합하고 적합한, 그런 격이 있는 것이다. 그런 상쇠들이 대중들과 굿을 잘 어르고 대동신명을 잘 창출해낸다. .

강원도의 상쇠들은 대부분 두렁쇠에 가깝다.[3] 실제로도 마을 단위의 상쇠도 많지만 이른바 뜬쇠급도 겉보기에 두렁쇠에 가깝다. 대부분의 상쇠들은 남도의 풍물굿의 상쇠들처럼 화려한 기예를 표출하지 않는다. 그래서 보여주기 기예 중심으로 굿을 재편하지 않는다. 아니, 그럴 생각도 안 한다. 강원도 풍물굿의 내적 에너지가 무언지 알고 있기 때문이다. 그 신명축적과정, 굿노동의 의미에 푹 빠져 있기 때문이다. 그래서 두렁쇠의 특징인, 공동체 정서에 잘 맞고 투박하고 가슴 밑바닥을 적셔주는 신명을 갖고 있는 것이다. 진정한 의미의 두렁쇠 퀄리티를 갖고 있는 것이다.

---

2)   근대적 공동체에서 굿을 쳐본 경험이나 기억을 갖고 있는 세대.
3)   두렁쇠라하면, 보통 마을 단위의 상쇠를 말한다. 특정시기(예를 들면 두렛날, 대보름, 추석, 백중)에만 굿을 치며 일반적으로 두렁쇠는 뜬쇠와 같이 세련되지는 못하지만 마을 정서에 잘 맞고 투박하고 가슴 밑바닥을 적셔주는 신명을 갖고 있다고 한다. 뜬쇠는 두 가지를 함의하는데 두렁쇠 가운데 우두머리를 일컫기도 하고 또 전문 연희패(예 : 굿중패)의 상쇠를 칭하기도 한다.

그런 이유는 당연히 헌농의 굿을 하기 때문에 그러하다. 헌농굿은 구조나 시스템상 개인이 도출될 필요가 없다. 오히려 구정놀이(영산놀이)는 방해가 된다. 그래서 구정놀이도 거의 없다. 각 개인은 이미 굿 속에 잘 버무려져 있을 뿐이다. 그런 협력이 없으면 굿을 진행할 수도 없다.

그래서 강원도 풍물굿의 상쇠는 다른 지역의 상쇠처럼 특출하게 돌출하지 않는다. 시스템을 잘 주재하면 된다. 여타 지역 풍물굿처럼 상쇠의 명망성과 기예 중심으로 분류하여 보면 뛰어난 뜬쇠가 아니다. 그런데, 그래서, 두 가지로 강원도 풍물굿의 굿성을 풍성하게 유지시켜왔는데, 그 하나는 굿성의 속내와 그 힘을 잘 알기 때문에 기예 돌출용 기예를 아예 습윤하지 않아 진정한 두렁쇠의 퀄리티를 유지시켜왔던 것이다. 다른 하나는 그래서 기예적 오남용이 거의 없어 굿성의 손실이 적은 풍물굿을 유지시켜왔던 점이다. 강원도 풍물굿이 1930년대의 굿 연행이나 지금의 굿 연행이 대동소이한 이유이다. 오랜 시간 동안 굿성이 유실되지 않고 풍물굿이 유지된 것이다. 대동신명을 만들어내는 헌농굿의 대동이 소이를 낳을 수 있었던 것이다.

1939년 강릉농악경연대회를 본 이여성은 다음과 같은 인상기를 동아일보에 게재하였다. 굿으로 노동하는 헌농굿에 대한 찬사이다.

악수의 태도가 진지하여 옛날 제의절목의 신앙무악으로서 주연하던 광경을 연상하게 하는 것이며 그리고 각양 무도의 경이적인 분열전개의 방법이라든지 심흉을 울려주는 박력적인 절주악이라든지 세련된 소고수의 건무적인 상모돌림 같은 것이겠다…. 그들의 풍물은 활발하고 용장하며 또 통쾌하여 신들매조차 모질게 졸라매야 되고 더운 피를 빨리 구울려 총 력량을 환기시키고야말 감흥을 주는 것이니…[4]

아주 오랜 시간 동안, 우리의 자료 경험상으로도 벌써 백년쯤 동안, 강원도 풍물굿은 그 원시성, 굿의 근원성을 가져 내려왔고, 그 역사문화적 에너지는 당연히 미래로도 가져나갈 것은 확실하다.

강원도 풍물굿의 상쇠는 스스로 굿을 노동하며 헌농(獻農)을 주재하는 사제이다. 강원도 상쇠들의 이런 자질과 품성은 강원도 두렁쇠를 넘어서서 동북아 두렁쇠, 시베리아 두렁쇠로 진화할 수 있는 퀄리티이다. 이는 당연히 오랜 미래인 무천의 두렁쇠로 진화할 것이다.

<hr />

4)   장정룡, 〈강릉농악의 일제 강점기 활동과 무형문화재 지정 추이〉, 제5회 쇠명
      인한마당 초청강연.

맺는 말

　풍류는 기본적으로 동북아 개념이다. 풍류는 동북아를 역사, 신화, 영성, 미학의 동질성으로 엮어 상생과 평화와 생명스러움의 문화 영역으로, 새삼, 만들어낼 수 있다. 이 풍류의 밑천은 동질적 신화대인 시베리아를 횡단하여 서구까지 연결될 수 있고, 다른 한 편으로는 다국가 민족으로서 환태평양 영역(미국, 캐나다의 200만 교포사회)까지 아우를 수 있는 밑천이 있다. 풍류가 우리로부터 차근차근 커나간다면, 새로운 패러다임으로 세계의 평화와 공생을 차원 높게 진화시킬 수도 있다. 이미 풍물굿 진영은 고려인마을굿 등을 시작으로 동북아 신명을 창출해내기 시작했다.

　풍물굿은 고대 제천부터 풍류의 맥락을 이어왔다. 요체는 굿성이다. 굿성은 성속일여의 신명이고 존재론 차원의 리얼리티이다. 풍물굿의 큰굿은 '굿성 내러티브'를 갖고 있고, 그만큼 당대를 설득할 수 있는 규모의 미학이 있다. 여러 가지로 변이되고 메타되는 새로운 생산양식을 위한 거대한 유휴지이다. 그리고, 풍물굿의 진

화는 우리 시대 사람들이 일상의 신격 공간을 만들어내는 (풍류)문화운동과 같이 되어야 한다. 풍물굿이 놓일 자리(콘텍스트)가 같이 형성되어야 풍물굿과 풍류가 당대화되는데 승산이 있다.

강원도 풍물굿은 동북아 풍류와 조우할 수 있는 위력한 굿성을 가지고 있다. 아직도 헌농의 내용과 형식으로 농경의례를 '실제로' 하고 있고 그 신명의 기세는 여전히 지칠 줄 모르고 있다. 벌써 농경은 생명과학 차원으로 전이되고 있고 미래의 농경은 생명스러움이라는 인문적 연대 차원으로 그 가치가 발전할 것이다. 따라서 이제는 고대제천의 단상들을 농경의례의 원형으로 여기고 풍물굿을 그저 개념 정의 할 때가 아니라, 이제는 '역의 순환'이 필요하다.

강원도 풍물굿이라는 '작은 제천'이 무천의 정신문화사 영역으로 진화하여야 한다. 풍류로서 동북아 풍물굿이 되어 여러 민족과 국가와 생명스러움과 그 경외를 나누고 평화적 공생을 해야 한다. 성속일여의 굿성은 현실, 영성 차원에서 공히 진정스러운 리얼리티

존재의 시공간이기 때문에 이 지독한 반목과 질시와 폭력의 세상에 평화와 공생과 생명스러움을 전해나갈 수 있다. 강원도 상쇠들이 대를 이어 줄기차게 전승시키고 있는, 굿노동으로 하는 헌농굿이 있고, 그 진정스러운 두렁쇠들은 늘 우리의 삶과 같이 있기 때문에 우리는 역시 대를 이어 희망 의식이 가시지 않는다. 동북아의 제천 적 동질감은 이미 시작되었다. 동북아 굿마당을 통한 세계의 평화 적 공생을 서서히 꿈 꿀 때가 되었다.

이 책은 '굿성 좋은 두렁쇠'들인 강원도 풍물굿 상쇠들에 대한 작 은 오마주의 시작이다.

부 록

고구려 고분벽화와
백제금동대향로에 나타난 풍류문화

고구려는 우리 역사의 시작이요 끝입니다. 마치 우리 역사의 모든 것을 포용하고 새로운 것을 창조할 수 있게 해주는 거대한 호수와 같지요. 고구려 이전의 역사와 문화가 모두 고구려의 호수로 흘러들어왔다면, 고구려 이후의 역사는 모두 그 호수로부터 흘러나왔다고 해도 과언이 아닐 정도로 우리 역사에서 고구려의 위치는 크고 깊습니다. 때문에 고대의 우리 문화를 이해한다는 것은 곧 고구려를 아는 것과 동일한 의미를 갖습니다. 우리 민족이 오늘과 같은 단일민족의 신화를 갖게 된 것도 단군신화 때문이라기보다는 고구려가 있었기에 가능했다고 보는 것이 옳을 정도이니까요.

그런 점에서 고구려 고분벽화는 이 땅의 그 어떤 문화유산보다도 귀중한 보물입니다. 그 앞에서 서본 사람이라면 누구나 알 수 있듯이 고구려 고분벽화에는 고대 동아시아의 북방문화와 수렵문화, 농경문화, 해양문화를 아우르는 창조적 역동성과 힘이 꿈틀거립니다. 그것은 농경문화에 토대를 둔 중국의 문화와도 다른 것이고, 해양문화에 토대를 둔 일본의 문화와도 다른 것이지요.

오회분 4호묘의 천정벽에 그려진 해님-달님의 모습

　더욱이 고구려 고분벽화는 이제는 사라진 북유라시아의 광활한 초원을 주름잡던 유목민들과 시베리아의 산림과 계곡에 살던 수렵인들의 문화의 진면목을 간직하고 있는 인류문화의 보고이기도 합니다. 그래서 저는 고구려 고분벽화를 말할 때마다 저 이집트의 피라미드의 벽화에 견주어 말하곤 합니다. 비록 이집트의 피라미드만큼 세상에 널리 알려져 있지는 않지만 문화사적 의미로 말하면 결코 그에 못지않다고 말이지요. 시베리아 샤만의 북 그림을 연상시키는 고구려 고분벽화의 공간구성이나 오방색 계통의 아름다운 색채와 역동적인 동선(動線), 천정벽의 신화적 내용과 고구려인들의 천문도(天文圖), 그리고 천상계의 공간에 무수히 장식되어 있는 그 많은 수련들, 그리고 수렵도와 씨름도며, 천정벽을 두 팔로 들어 지탱하고 있는 역사(力士)의 모습, 또 장천1호분 등에 보이는 우주나무와 무용총의 가무배송도, 그리고 벽화에 그려진 수많은 악기들에 이르기까지 어느 하나 가벼운 것이 없습니다.

무용총의 수렵도

    지금까지 알려진 고구려 고분 중 벽화가 그려진 고분은 모두 100여기가 넘는 것으로 알려져 있습니다. 하지만 벽화의 풍부한 숫자에도 불구하고 막상 고구려 벽화를 공부하는 이들은 그 연구의 단초를 찾지 못해 애를 먹곤 하지요. 저 역시도 고구려 벽화를 처음 공부할 때 그 단초를 어디서부터 찾아야 할지 몰라 고생했던 기억이 납니다. 무릇 어느 집이든 안으로 들어가려면 문을 통과해야 하는데, 문이 어딘지 몰라 입구에서부터 우왕좌왕하는 꼴이라고나 할까요.

    그러다 1993년 12월, 우연히 부여 능산리 무덤군 옆 골짜기에 관광객들을 위한 주차장을 만들기 위해 사전조사를 하던 중 백제금동대향로가 발굴되었습니다. 그것은 한마디로 기적이었습니다. 무려 1500년 가까이 되는 세월을 땅속의 구덩이에 묻혀 있었건만 기물의 어느 한 곳 파손된 곳 없이 온전했으니까요. 그때 온 나라의 학자들과 언론들이 초특급의 국보가 발굴되었다며 환호하던 모습을 지금도 잊을 수 없습니다.

저 역시 그 향로의 실물을 보는 순간 전기에 감전된 것처럼 영감
이 왔고, 끝내 그 영감을 피해가지 못해 7년 가까운 시간을 오로지
향로 공부에 전념하며 보냈습니다. 그리고 깨달았습니다. 백제금
동대향로의 세계관이 고구려 고분벽화의 세계관과 거의 동일하다
는 것을. 그리고 고구려 고분이 본장(本葬, 고구려는 2차장의 풍습을 갖
고 있어서 고인이 죽은 지 정확히 27개월 만에 뼈를 수습해 본장을 지냈으며, 이
때 고인의 혼령을 불러 말에 태워보내며 가무배송하는 풍습이 있었다) 때 고인
의 뼈를 수습해 무덤에 안치하며 혼령이 천상계로 무사히 돌아가시
기를 염원하는 마음으로 축조되었다면, 백제금동대향로는 왕실에서
신령들과 조상들의 혼령을 모시기 위해 만들었으며, 부여계 사람들
의 세계관을 상징적으로 표현했다고 말이지요. 실제로 고구려 고분
벽화를 공부했던 경험은 백제금동대향로의 구성이 갖는 의미를 이
해하는데 큰 힘이 되었습니다. 그리고 백제금동대향로에 대한 공부
는 반대로 고구려 고분벽화의 구성과 상징체계를 이해하는데 결정
적인 실마리들을 제공해 주었지요. 그렇게 양자는 서로 보완관계에
있었습니다. 어느 하나가 없으면 다른 쪽이 불완전해지는. 양자가
함께 있음으로써 비로소 둘 다 완전해지는…

양자의 이런 관계는 조금만 주의를 기울이면 누구나 곧 알 수가
있습니다. 우선 백제금동대향로는 향로 본체의 가운데에 있는 류운
문(流雲文) 테두리를 경계로 위는 천상계의 산악도를 표현하고 아래
는 연꽃을 배경으로 수상생태계를 나타낸 것임을 어렵지 않게 알

수 있는데, 이러한 모습은 고구려 벽화에서도 똑같이 확인됩니다.

고구려 고분의 내부는 당시 목조건축물의 구조를 그대로 본떠서 축조했는데, 덕흥리고분이나 쌍영총 등의 고분을 보면 건축물의 도리에 해당하는 사방벽의 도리에 류운문이 장식되어 있는 것을 볼 수 있습니다. 아마도 당시 고구려 건축물의 도리나 기둥에 이런 류운문류의 무늬가 많이 장식되었던가 봅니다. 그리고 덕흥리고분의 류운문 도리 위의 천상계에는 산들과 함께 수렵하는 기마인물상들의 모습이 그려져 있는데, 이러한 공간구성은 정확히 백제금동대향로의 산악도의 구성과 같은 것입니다. 또 백제금동대향로의 류운문 테두리 위에는 천상계의 광휘를 나타내기 위한 불꽃 형태의 박산무늬들이 장식되어 있는데, 이런 박산무늬는 덕흥리고분이나 안악고분 등 고구려의 초중기 고분에서 흔히 볼 수 있는 장식입니다. 그런가 하면 쌍영총 현실을 받치고 있는 두 팔각기둥에는 연꽃과 용이 장식되어 있는데, 이 또한 백제금동대향로의 노신의 연꽃과 그 연꽃을 물고 하늘로 오르기 위해 용틀임을 하는 용의 구성과 정확히 일치합니다.

백제금동대향로와 고구려 벽화의 이런 구성은 중국 한족의 벽화나 기물에서는 좀처럼 찾아볼 수 없는 것입니다. 그러므로 이런 구성은 고대 동북아인들이 고대 동이계통의 문화와 수렵문화를 토대로 북방의 유목문화와 서역문화 등 다양한 문화를 받아들여 발전시켜온 이땅의 고유한 세계관이라고 할 수 있습니다. 백제금동대향로가 발굴되기 전까지만 해도 고대 부여계인들이 이런 놀라운 세계관

백제금동대향로(향로 본체와 아래의 용으로 구성
되어 있으며, 본체는 다시 가운데의 류운문 테두
리를 경계로 위쪽은 천상계, 아래쪽은 지상의 수
상생태계(연화도)를 나타내고 있다)

과 우주관을 갖고 있으리라고는 아무도
생각하지 못했습니다. 그것은 하나의
경이였습니다. 왜냐하면 중국 한족의
문화와는 완전히 구별되는 것으로 고대
동북아에서 수천년간 살아온 우리 선조
들의 정신이 응집된 것이기 때문입니
다. 고구려와 백제가 멸망한 이래 중국
의 변방으로 살아오는 동안 우리는 역
사의 정체성을 끊임없이 도전을 받아왔
습니다. 그것은 대개 외부로부터 거세
게 밀려오는 것이었지만 동시에 내부로
부터 올라오는 자괴심과 같은 것이기도
했습니다. 그런데 어느날 문득 백제금
동대향로가 1500년만에 그 모습을 다시
세상에 드러내면서 우리 조상들의 정신
과 이상과 꿈이 무엇이었는지를 분명하
게 우리에게 일깨워주었던 것입니다.

어디 그뿐인가요. 안악3호분이나 덕
흥리고분, 쌍영총 등 고구려의 대표적
인 고분의 천정에는 으레 하늘연못(天井, 또는 藻井)이 조성되어 있고,
그 연못에는 커다란 연꽃이 거꾸로 심어져 있어 지상의 연못의 연
꽃들과 조응관계를 이루고 있는데, 백제금동대향로의 노신에는 바

덕화리고분

로 이 하늘연못에 거꾸로 심어져 있는 연꽃에 대응되는 광휘의 연꽃이 장식되어 있는 것입니다.

흥미롭게도 고대 동이계 사람들은 지상에만 연못이 있는 것이 아니라 하늘에도 연못이 있다고 생각했습니다. 따라서 용이 천둥번개를 거느리고 비를 뿌리면 하늘연못의 물이 줄어드는 대신 지상의 연못과 하천의 물이 불어나게 됩니다. 그러면 이번에는 수충(水蟲)인 무지개(虹)가 지상에 넘치는 여분의 물을 빨아 마시어 다시 하늘연못으로 가져갑니다. 이렇게 용은 지상의 물과 천상의 물의 순환을 조절하는 것이지요. 그런데 지상의 연못에는 으레 연꽃이 핍니다. 그리고 그 연꽃 주위에는 잉어가 몰려들고, 다시 오리나 기러기 등 물새들이 날아듭니다. 이렇게 여름의 연못은 늘 하나의 '연화

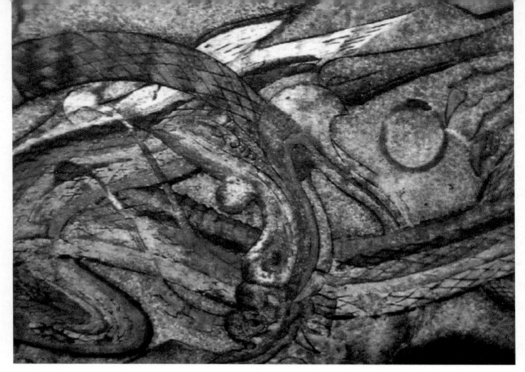

오회분 5호묘 천정벽의 용

도'를 이룹니다. 그런데 지상의 연못에 연꽃이 핀다면 그에 대응하는 하늘의 연못에도 연꽃이 피겠지요. 연꽃이 있으면 다시 그 주위에 잉어 등의 물고기와 오리, 기러기 등의 새들이 모여듭니다. 그리고 물고기와 물새들은 다시 철따라 지상의 연못과 하늘연못을 오고가겠지요. 우리의 옛 신화는 그렇게 이야기를 계속 이어갑니다.

고대 동이인들은 전국시대 말엽 목조건축물이 출현하자 지붕의 서까래 아래 쪽에 하늘연못, 곧 조정(藻井)을 만들고 그곳에 연꽃과 마름 등을 거꾸로 심었습니다. 또 교목 등의 아름다운 가지를 장식해 오방색의 화려한 단청을 꾸몄습니다. 오늘날 우리가 알고 있는 궁전이나 사찰의 조정양식과 단청장식의 유래는 이렇게 해서 시작된 것입니다. 그리고 이런 연화도의 세계는 지금까지도 민화(民畵)로 우리들 생활 속에서 숨을 쉬고 있습니다.

그리고 보면 고구려 고분벽화와 백제금동대향로는 이땅의 고대 문화에 대해 참으로 많은 것을 다시 보게 해줍니다. 뿐만 아니라 고구려 고분벽화에는 이땅의 조상들의 삶과 정신세계가 잘 표현되어 있습니다. 그중에서도 우리가 특별히 주목하는 것은 일찍이 최치원 선생이 "이땅의 현묘지도(玄妙之道)가 있으니 풍류라 한다"고 했던 바로 그 풍류의 정신입니다. 놀랍게도 덕흥리고분, 무용총, 삼실총, 씨름총, 오회분 등 많은 고구려 고분벽화에는 갖가지 바람, 흐름, 결, 떨림의 무늬가 수없이 장시되어 있습니다. 바람무늬, 구름무늬, 물결무늬, 광휘무늬, 넝쿨 등의 식물무늬, 꽃무늬 등등. 이러한 각종 무늬와 그들이 함축하는 풍류

진파리 1호분

의 정신은 백제금동대향로와 무령왕릉에서 출토된 관식(冠飾), 금동 신발, 그리고 벽화고분의 구름무늬 등 백제인들이 남긴 유물에서도 어렵지 않게 찾아볼 수 있습니다. 그것은 유불선(儒佛仙)이 들어오기 오래전부터 이땅의 조상들이 뭇 생명들과 관계하며 평화롭게 살아 가던 방식의 아름다운 표현이라 할 수 있습니다.

물론 오늘날 풍류라고 하면 흔히 중국의 위진남북조(魏晉南北朝) 시대에 성행했던 술마시고 노는 다분히 현실도피적이고 퇴폐적인 그런 문화를 일컫는 경향이 있습니다만 그것은 본래 이땅의 조상들 이 갖고 있던 아름다운 도, 〈바람 風, 흐를 流〉의 풍류와는 거리가 먼 말입니다. 중국의 한족 지식인들이 노닐던 풍류는 당시의 어지 러운 현실을 피해 자연 속에서 그 답답한 회포를 푸는 것이 고작이 나 이땅의 조상들이 지켜왔던 아름다운 도는 오히려 삶의 근본적인 태도라고 할 수 있기 때문입니다. 그래서 저는 이땅의 풍류와 중국 의 세속적인 풍류의 혼동을 막고자 최치원 선생이 말하는 풍류를 '바람, 흐름, 결, 떨림'으로 풀어서 사용합니다. 우리 조상들은 삶이란 늘 걱정거리를 끼고 살지만 그럼에도 경이와 감사할 것으로 가득차 있다고 생각했습니다. 그래서 우리 조상들은 매 순간 감사하면서 가 족과 이웃과 민족을 위해 헌신하는 삶을 살았던 것입니다.

그렇다면 이런 아름다운 도, 풍류의 세계란 구체적으로 어떤 것 일까요? 도대체 어떤 것이기에 9세기 중엽의 혼란한 시대에 살았던 최치원 선생이 그처럼 이 아름다운 도를 그리워했던 것일까요?

풍류란 요즈음 말로 옮기면 한마디로 '생명의 문화, 관계의 문화'

각저총의 씨름도

라 할 수 있습니다. 그것은 산업문명이 가져온 경쟁과 지배와 파괴와 같은 그런 비생태적인 문화가 아니라 모든 생명을 공경하고 평화를 사랑하며 모두 함께 더불어사는 아름다운 문화입니다. 그리고 평등과 관계와 배려를 중요시하는 문화입니다. 무릇 이 세상의 모든 존재는 생명을 갖고 있고 영혼을 갖고 있습니다. 그리고 모든 존재는 우리 안의 바람인 숨결과 물, 비, 강물 등의 흐름, 그리고 형태와 무늬, 색깔 등의 결, 그리고 소리와 진동 등의 떨림을 통해서 하나로 연결되어 있습니다.

그래서 풍류의 눈으로 보기 시작하면 우리가 평소 잊고 사는 숨쉬는 작은 행위만해도 더없이 경이롭고 신비롭게 느껴집니다. 우리는 숨을 쉬지 않으면 살 수 없지요. 마찬가지로 우리 조상들은 해와 달도 숨을 쉰다고 생각했습니다. 왜냐하면 그들은 매일같이 하늘을 일주하는데, 움직이는 것은 살아있는 것이고, 살아있다는 것은 숨을 쉬지 않으면 안 되기 때문이지요. 그래서 천왕지신총 같은 고구려 고분의 천정벽에 그려진 달에는 물결무늬가 장식되어 있습니다. 마치 호수의 물결이 흔들리듯이. 또 천정에 그려진 태양은 으레 불꽃이나 연꽃과 같은 광휘의 꽃들로 덮여 있었습니다. 꽃이란 생명의 정화(精華)입니다. 당연히 숨을 쉬지요. 그뿐이 아닙니다. 숨을 쉬는 존재는 표정이 있고 감정이 있습니다. 그래서 고대인들은 그들이 만든 장식물이나 심지어 연장과 같은 도구조차도 생명을 갖고 있다고 여겨 어느 하나 함부로 다루지 않았습니다. 그렇게 이땅의 조상들은 그들이 관계하고 만나는 모든 존재에 숨결을 불어넣었습니다.

그런데 우리가 들이마시고 내쉬는 숨은 다른 사람들의 숨과 섞입니다. 시간이 지나면 좀더 멀리있는 자연의 다른 생명들의 숨과도 섞이게 되지요. 그렇게 나의 숨은 다른 존재의 속으로 들어가 그의 생명이 되어줍니다. 그리고 나의 생명은 다른 존재들의 숨결과 생명에 의존합니다. 따라서 나는 혼자 숨을 쉬는 것 같아도 사실은 내 주위의 모든 존재들과 숨을 공유합니다. 그렇게 생명의 숨결을 나누며 거대한 생명의 거미집을 짓고 있는 것이지요. 이것이 우리의 존재의 실상입니다. 그렇게 우리는 뗄래야 뗄 수 없이 서로 연결되어 있습니다. 그러므로 숨을 쉬는 작은 행위 하나만으로도 이미 우리는 이 세상의 모든 존재와 하나인 고귀한 영적인 존재인 것입니다.

삼실총의 완함 연주자

　어디 숨만 그럴까요? 내가 마시는 물도 마찬가지입니다. 내가 먹
고 배설하는 물은 돌고 돌아 언젠가는 내게 돌아옵니다. 세상의 그
모든 존재들을 돌아서 말이지요. 그렇게 나의 행위와 말과 생각 또
한 다른 존재들에게 영향을 주고받습니다.

　우리 조상들은 이런 영적인 지혜를 바탕으로 나보다는 모두가
더불어 행복해지는 삶을 살았습니다. 이 세상의 모든 생명이 서로
관계지워져 있고, 그 어느 생명도 소중하지 않은 것이 없기 때문입
니다. 그래서 그들은 자연의 법을 함부로 거스르지 않았으며, 나를
내세우고 자랑하기보다는 나를 낮추었습니다. 또 악행을 멀리하고
선행을 위해 힘썼습니다. 요즈음식의 표현으로 하면 전쟁보다는 평
화와 협동을 사랑했습니다. 남을 배려하고 아낄 줄 알았습니다. 양
보할 줄 알았습니다.

이것이 최치원 선생이 그처럼 흠모하였던 이땅의 아름다운 도, 현묘지도의 참모습인 것입니다. 그리고 그런 세계는 말할 것도 없이 물질과 욕망에 물들지 않은 샤마니즘의 순수한 영적인 세계를 바탕으로 하는 것입니다. 고구려 고분벽화와 백제금동대향로 등 고대 동북아의 유물에는 이런 풍류의 세계가 바람무늬, 물결무늬, 때로는 식물무늬, 나선형 무늬 등으로 다양하게 표현되어 있습니다.

칠성청(七星請)

1. 거불(擧佛)

나무 금륜보계 치성광여래불(南無 金輪寶界 熾盛光如來佛) (1배)

나무 좌우보처 양대보살(南無 左右補處 兩大菩薩) (1배)

나무 북두대성 칠원성군(南無 北斗大聖 七元星君) (1배)

보소청진언(普召請眞言) 「나모 보보제리 가리다리 다타아다야」

역문 : 칠성삼존께 귀의함

금륜의 보배세계의 치성광부처님께 귀의합니다

좌우보처 양대 보살님께 귀의합니다

북두대성 칠원성군님께 귀의합니다

널리 청하는 참말씀

「나무 보보제리 가리다리 다타아다야」

2. 유치(由致)

앙유(仰惟) 치성광여래(熾盛光如來) 여북두칠성존(與北斗七星尊) 지혜
신통부사의(智慧神通不思議) 실지일체중생심(悉知一切衆生心) 능이종종
방편력(能以種種方便力) 멸피군생무량고(滅彼群生無量苦) 조장시우천상
(照長時于天上) 응수복어인간(應壽福於人間)

시이(是以) 사바세계(娑婆世界) 차사천하(此四天下) 남섬부주(南贍部
洲) 해동(海東) 대한민국(大韓民國) ○시(市)(도(道)) ○산(山) ○사(寺) 청
정수월도량(淸淨水月道場) 원아금차(願我今此) 지극지정성(至極之精誠)
헌공발원재자(獻供發願齋者) ○시(市) ○구(區) ○동(洞) ○번지(番地) 거
주(居住) 건명(乾命) ○보체(保體) 곤명(坤命) ○보체(保體) 이차발원공
덕(以此發願功德) 치성광여래(熾盛光如來) 여북두대성(與北斗大星) 칠원성
군(七元星君) 가피지묘력(加被之妙力) 각기(各其) 사대강건(四大强健) 육
근청정(六根淸淨) 무연자(無緣者) 속득인연(速得因緣) 무자자(無子者) 속
득생남(速得生男) 가내화합(家內和合) 자손창성(子孫昌盛) 일일유천상지
경(日日有千祥之慶) 시시무백해지재(時時無百害之災) 수산고흘(壽山高屹)
복해왕양(福海汪洋) 만대향화부절지대원(萬代香火不絶之大願)

재고축(再告祝) 금차(今此) 지극지정성(至極之精誠) 헌공발원재자(獻
供發願齋者) ○시(市) ○구(區) ○동(洞) ○번지(番地) 거주(居住) 건명(乾
命) ○보체(保體) 곤명(坤命) ○보체(保體) 이차인연공덕(以此因緣功德)
치성광여래(熾盛光如來) 여북두대성(與北斗大星) 칠원성군(七元星君) 가

피지묘력(加被之妙力) 각기(各其) 사대강건(四大强健) 육근청정(六根淸淨)
재수대통(財數大通) 신수대길(身數大吉) 복덕구족(福德具足) 동서사방(東
西四方) 출입제처(出入諸處) 악인원리(惡人遠離) 귀인상봉(貴人相逢) 상봉
길경(常逢吉慶) 불봉재해(不逢災害) 관재구설(官災口舌) 삼재팔난(三災八
難) 사백사병(四百四病) 영위소멸(永爲消滅) 심중소구소원(心中所求所願)
여의원만(如意圓滿) 성취지대원(成就之大願)

삼고축(三告祝) 금차(今此) 지극지정성(至極之精誠) 헌공발원재자(獻
供發願齋者) ○시(市) ○구(區) ○동(洞) ○번지(番地) 거주(居住) 건명(乾
命) ○보체(保體) 곤명(坤命) ○보체(保體) 이차인연공덕(以此因緣功德)
치성광여래(熾盛光如來) 여북두대성(與北斗大星) 칠원성군(七元星君) 가
피지묘력(加被之妙力) 참선자(參禪者) 의단독로(疑團獨露) 염불자(念佛者)
삼매현전(三昧現前) 간경자(看經者) 혜안통투(慧眼通透) 병고자(病苦者)
즉득쾌차(卽得快差) 단명자(短命者) 수명장원(壽命長遠) 무인연자(無因緣
者) 속득인연(速得因緣) 무자자(無子者) 속득생남(速得生男) 학업자(學業
者) 학업성취(學業成就) 농업자(農業者) 오곡풍년(五穀豊年) 사업자(事業
者) 사업성취(事業成就) 공업자(工業者) 안전조업(安全操業) 상업자(商業
者) 재수대통(財數大通) 운전자(運轉者) 안전운행(安全運行) 여행자(旅行
者) 안전성취(安全成就) 무직자(無職者) 취직성취(就職成就) 직장자(職場
者) 진급성취등(進級成就等) 각기(各其) 경영지사업(經營之事業) 만사여
의(萬事如意) 원만형통지대원(圓滿亨通之大願)

이금월금일(以今月今日) 근비진수(謹備珍羞) 건성예청(虔誠禮請) 치성

광여래(熾盛光如來) 여좌우보처(與左右補處) 양대보살(兩大菩薩) 위수(爲首) 북두칠성(北斗七星) 이십팔수(二十八宿) 제성군중(諸星君衆) 훈근작법(熏懃作法)

앙기묘원자(仰祈妙援者) 우복이(右伏以) 설명향이예청(名香以禮請) 정옥립이수재(呈玉粒而修齋) 재체수미(財體雖微) 건성가민(虔誠可愍) 잠사천궁(暫辭天宮) 원강향연(願降香筵) 근운일심(謹運一心) 공진삼청(恭陳三請)

역문 : 공양올리는 연유를 아룀

우러러 원하옵니다. 치성광여래와 북두칠성존님의 지혜와 신통력은 다 헤아릴 수 없이 커서 일체 중생의 마음을 다 아시고 갖가지 방편의 힘으로써 뭇 생령들의 무량한 고통을 없애 주시오며, 오래도록 천상에 계시면서 인간세계를 비추어 수명과 복덕을 내리시옵니다. 이러한 까닭으로 남섬부주 해동 대한민국 ○시 ○산 ○사청정도량에서 이제 지극한 마음으로 정성을 다하여 ○시 ○구 ○동 ○번지 거주하는 건명 ○보체 곤명 ○보체 장자 ○보체 여식 ○보체 등이 공양을 올리고 발원하오니, 이 공덕으로 치성광부처님과 북두대성님의 가피의 큰 힘을 얻어, 각기 사대가 강건하여 눈귀코혀몸마음의 육근이 청정하여 짝 없는 이는 속히 좋은 인연을 성취하고, 자식이 없는 이는 하루속히 좋은 아들 얻고, 부부가 화합하여 자손이 창성하며, 날마다 경사로움이 많고 때때로 오는 온갖 재난 모두 없어지며, 수명은 산과 같이 높고 복은 바다와 같이 넓어 만대에 이르도록 향화가 끊이지 않도록 하여지이다.

거듭 아뢰오니, 이제 지극한 마음으로 정성을 다하여 ○시 ○구 ○동 ○번지 거주하는 건명 ○보체 곤명 ○보체 장자 ○보체 여식 ○보체 등이 공양 올리고 발원하오니, 이 공덕으로 치성광부처님과 북두대성님의 가피의 큰 힘을 얻어, 각기 사대가 강건하여 눈귀코 혀몸마음의 육근이 청정하며 재수가 대통하고 신수가 대길하며 복덕을 두루 갖추어 동서사방으로 출입할 때에 악인은 만나지 않고 착한 사람 만나며, 항상 좋은 환경 만나고 나쁜 환경 물러가며, 관재구설 물러가고, 교통사고 일체병고 물러가서 마음 가운데 소원하는 바를 모두 원만하게 성취하여지이다.

재삼 아뢰오니, 금일 지극한 마음으로 정성을 다하여 공양을 올리는 발원제자 ○시 ○구 ○동 ○번지 거주하는 건명 ○보체 곤명 ○보체 장자 ○보체 여식 ○보체와 일문가족 모든 불자들과 동참한 대중 모두가 이 공양 올리고 발원한 공덕으로 치성광부처님과 북두대성님의 가피의 큰 힘을 얻어, 각기 믿는 마음 깨끗하고 변함 없는 신행으로 다겁생래의 모든 업장이 소멸되어 하루속히 아뇩다라삼 막삼보리를 이루되, 참선하는 이는 잡념이 없어지고, 염불하는 이는 삼매가 드러나며, 경을 보는 이는 지혜 눈이 밝아지며, 기도하는 이는 즉시에 가피를 입으며, 박복한 이는 복덕을 성취하며, 단명한 이는 명을 잇고, 병든 이는 쾌차하며, 짝 없는 이는 좋은 인연 만나고, 자식이 없는 이는 곧 훌륭한 자식 얻으며, 학업을 닦는 이는 몸과 마음 안정하여 지혜가 총명하여 학업을 성취하며, 사업하는 이는 사업이 성취되고, 농사하는 이는 오곡이 풍년들며, 장사하는 이는 재수가 대통하며, 운전자는 안전운행하고, 비행기와 배타는 이도 안전 운항하며, 직장이 없는 자는 취직되고, 직장이 있는 자는 진급이 성취되는 등 각기 경영하거나 종사하는 일이 모두가 마음먹은 대로 이루어지이다.

금월금일 삼가 진수를 갖추어 경건하게 치성광부처님과 양대보살님 북두칠성님을 비롯하여 이십팔수의 여러 성군님 전에 법다운 의례로써 오묘한 구원을 바라 다시 좋은 향을 사르고 조촐한 공양을 올리오니, 비록 적은 공양이오나 정성을 어여삐 여기시어 잠시 천궁에서 떠나 본 향연에 강림하시기를 일심으로 세 번 청하옵니다.

진행

칠성단에 불공을 드리기 위해서는 여타의 불공의 경우와 마찬가지로 먼저 보례진언 아금일신중 즉현무진신 변재칠성전 일일무수례 옴 바아라믹을 하면서 삼정례를 올리고 나서 불공제자와 같이 천수경을 정구업진언부터 정삼업진언의 끝까지 독송해야 한다. 독송을 마치고 나면 함께 일어서서 거불성으로 거불을 하면서 삼정례를 한다. 삼정례를 마치고 나면 법주는 일어서면서 요령을 잡고 세 번 흔들고 나서 보소청진언 목차를 외우며 정례를 하고 일어서면서 다시 요령을 잡고 흔들면서 나무보보제리 가리다리 다타아다야를 세 번 외운다. 유치는 법주가 하는 것으로 합장한 채로 칠성님께 헌공을 하는 연유를 아뢰는 유치문을 낭독하고 유치의 끝에서 요령을 흔들면서 합장 반배를 한다.

해설

거불은 불공을 드릴 때 하는 삼귀의이다. 여기에서는 칠성님께 대한 삼귀의이므로 치성광여래불과 좌우보처인 일광보살님과 월광보살님 그리고 칠성인 북두대성 칠원성군에 대한 귀의를 하는 것이다.

치성광여래불은 이른바 북두칠성의 중심축에 있는 북극성이다. 북극성은 칠성별의 중심축일 뿐 아니라 온 우주의 중심축이라고 하는 별이다. 치성광이라고 하는 것은 빛이 아주 치열하게 빛난다고 하는 뜻을 가지고 있다. 이것은 원래 칠성별을 신앙하는 도교의 칠성신앙을 불가에서 받아들이면서 새롭게 의미를 부여하고 상징화시키는 가운데 우주의 중심 축에 있으면서 광도가 특급인 북극성을 치성광여래라는 부처님의 의미로 재해석을 한 것이다.

모든 진리가 부처님 그 자체이고 우주 삼라만상이 모두 부처님의 몸 아닌 것이 없는 화엄의 관점에서 바라볼 때, 온 우주가 북극성을 중심 축으로 돌고 있는 형태는 마치 모든 진리가 부처님으로부터 나와서 세간을 형성하여 운행시키고, 인간의 길흉화복 등이 벌어지게 되며, 모든 것은 그 자체가 부처님의 몸의 나타나심인 것이므로 그 빛이 맹렬하게 타오르는 것을 진리의 빛이 맹렬하게 타오르는 치성광부처님이라고 한 것이다.

일광보살과 월광보살은 그 의미가 인간에게 밤과 낮으로 빛을 주고 있는 해와 달을 가리키고 있는 직접적인 말이지만 여기에서는 밤과 낮을 의미한다고 생각하는 것이 좋을 듯하다. 칠원성군은 북극성을 중심으로 하여 돌고 있는 국자 모양의 칠성별을 가리키는 것이다. 이 세상은 모두가 음양의 조화로 이루어지지 않은 것이 없다. 하늘에 태양과 달이 있어 밤과 낮을 밝혀주듯이 진리에도 본질과 나타난 현상이 음과 양의 원리를 보여주고 있는 것이다.

칠성은 우리 한국 사람과는 매우 밀접한 관련이 있는 별이기도 하다. 흔히 우리는 사람이 숨을 거둔 시신의 밑에 송판을 깔고 염을 할 때까지 모셔두게 되는데 이것을 칠성판이라고 불러온 것처럼 칠성이 인간의 수명을 관장한다고 하는 문화적인 사고를 가지고 수천 년을 살아왔기에 불교에서는 이를 부처님의 가르침으로 수용하지 않으면 안 되었던 것이다.

보소청진언은 널리 청하는 참말씀이라는 뜻을 가진 진언으로 온 우주에 있는 빛이며, 진리 모두를 청하는 참말씀이다. 유치는 칠성부처님과 좌우보처 양대보살님 그리고 칠원성군에게 재자가 공양을 올리는 까닭을 설명하는 부분이다. 대부분의 유치는 삼보통청 강의에서 이야기한 바와 같이 임금님께 소를 올리는 형식을 택하여 법왕에게 불공을 드리는 까닭을 아뢰는 형태를 취하게 된다.

내용을 보면 치성광여래 부처님과 북두칠성께서는 그 지혜와 신통력이 인간의 생각으로는 다 셀 수 없을 만큼 커서 갖가지의 방편의 힘으로써 중생들의 무량한 고통을 다 없애주시기 위하여 오래도록 천상에 머물면서 인간계에 수명과 복덕을 내린다는 것이다.

북극성은 지구가 자전을 하는 중심축의 기준점이 되는 북쪽의 끝에 있어 북극성이라 부른다. 또 북두칠성은 지구와 마찬가지로 북극성을 중심으로 돌고 있는 일곱 개의 큰 별로서 천체운행의 상징성을 보여주는 별이다. 따라서 인간에게 있어 방위의 근본이 되는 별들이고 이 별들의 자리의 변화에 따라서 계절이 오고 가므로 인간에게 길흉화복이 이들에게 달려있다는 생각을 하게 되었던 것이다. 우주가 북극성을 자전축으로 하여 돌고 있다는 것은 이 우주의 질서가 그렇게 되었다는 말이다.

따라서 북극성은 이 우주에 존재하는 모든 것들의 에너지의 근원 내지는 에너지 활동의 기본이 되고 있기 때문에 거기에서 온갖 신통력을 가지고 인간에게 수명과 복덕을 내린다고 하는 결론이 유도될 수 있는 것이다. 인간 수명의 연장은 후손에게 이어지고 조상과 부모의 모든 업은 자손에게 유전되고 있기 때문에 자식을 꼭 낳아 가계를 연장하려는 생각에서 생남을 기원하게 되고 수명도 빌고 복덕도 빌게 되었던 것이다.

그러므로, 칠성에게 자식의 잉태와 안전 출산을 빌고, 수명과 복덕을 빌고 있는 것이며, 옛날 우리 어머니들이 뒷곁에 정한수를 떠놓고 과거 시험을 보러 떠난 아들의 장도를 비는 기도의 대상이 되어왔던 것이다. 그래서 자손 대대로 자신의 업이 계승되고 유지되는 것은 인간에 있어서의 영원한 수명의 연장이라고 보았기 때문에 만대에 걸쳐 향화가 끊이지 않기를 갈구하여 왔던 것이다.

3. 증명(證明)

1) 증명청사(證明請辭)

나무일심봉청(南無一心奉請) 금륜보계(金輪寶界) 치성광여래불(熾盛

光如來佛) 좌보처(左補處) 일광변조(日光遍照) 소재보살(消災菩薩) 우보처(右補處) 월광변조(月光遍照) 식재보살(息災菩薩) 최승세계(最勝世界) 운의통증여래불(運意通證如來佛) 묘보세계(妙寶世界) 광음자재여래불(光音自在如來佛) 원만세계(圓滿世界) 금색성취여래불(金色成就如來佛) 무우세계(無憂世界) 최승길상여래불(最勝吉祥如來佛) 정주세계(淨住世界) 광달지변여래불(廣達智辯如來佛) 법의세계(法意世界) 법해유희여래불(法海遊戲如來佛) 유리세계(瑠璃世界) 약사유리광여래불(藥師瑠璃光如來佛) 유원자비(唯願慈悲) 강림도량(降臨道場) 증명공덕(證明功德)

2) 향화청(香花請 (3번)

3) 가영(歌詠)
위광변조시방중(威光遍照十方中) 월인천강일체동(月印千江一切同)
사지원명제성사(四智圓明諸聖士) 비림법회이군생(賁臨法會利群生)
고아일심 귀명정례(故我一心 歸命頂禮) (반배)

4) 헌좌진언(獻座眞言)
묘보리좌승장엄(妙菩提座勝莊嚴) 제불좌이성정각(諸佛坐已成正覺)
아금헌좌역여시(我今獻座亦如是) 자타일시성불도(自他一時成佛道)
「옴 바아라 미라야 사바하」

역문
1) 증명법사를 청하는 말씀

일심으로 귀의하옵고 받들어 청하옵니다.

능히 천재지변을 소멸하여 만덕을 성취하게 하시는 금륜의 보배
세계 치성광여래 부처님, 왼쪽에 계시면서 햇빛을 두루 펴서 재앙을
없애는 소재보살님, 오른쪽에서 달빛을 두루 펴서 재앙을 쉬게 하는
식재보살님, 가장 뛰어난 세계 운의통증 부처님, 묘한 보배세계 광
음자재 부처님, 원만세계 금색성취 부처님, 근심없는 세계 최승길
상 부처님, 청정함에 머무시는 광달지변 부처님, 진리마음 세계 법
해유희 부처님, 유리세계 약사유리광 부처님이시여, 원컨대 자비를
드리우사 이 도량에 내리시어 이 공덕을 증명하여 주시옵소서.

2) 향과 꽃으로 청하옵니다 (3번)

3) 환영하는 노래
위광을 시방세계에 두루두루 비추시니
일천강에 달그림자 한 가지로 동일하네

네 가지 지혜 두루 밝은 여러 성현들께서
법회에 나리셔서 군생들을 이롭게 하신다네
저희들이 일심으로 귀명정례 하나이다

4) 자리를 드리는 참말씀
묘한 깨달음의 자리 뛰어나게 장엄하사
모든 부처 앉으셔서 바른 깨달음 이루셨네

제가 지금 드리는 자리 또한 그와 같아

나와 남이 함께 성불하여지이다

「옴 바아라 미라야 사바하」

진행

법주가 합장을 한 채로 유치를 낭독하다가 요령을 흔들면서 '세 번 청하옵니다'를 외우고 나서 엎드려서 큰절을 하고 일어서면서 요령을 잡고 흔들면서 청사를 끝까지 외우고 나면 바라지는 목탁을 한 번 내리고 향화청을 세 번 외우고 나서 가영성으로 가영 위광변 조…를 외우고 나서 고아일심귀명정례에서 목탁을 내리면 된다.

다음에 법주가 요령을 세 번 흔들고 나서 헌좌진언 제목을 외우 며 엎드려 절을 할 때 바라지는 헌좌게 자타시성불도를 외우면서 목탁을 내리고 나서 일자목탁으로 진언을 외우는데 세 번째는 목탁 을 내리면서 반배를 하면 된다.

해설

청사는 유치에서 세 번을 간절하게 불공하는 연유를 아뢰고 나 서 다시 세 번에 걸쳐 간절한 마음으로 치성광여배를 비롯한 북 두칠성 별세계에 존재하는 칠성부처님께 대해서 좋은 향과 조촐 한 공양구를 갖추어 청하오니 꼭 오시라는 부탁을 드리는 것이 청사의 근본 뜻이다.

금륜보계라 하였는데 금륜이라는 것은 이 우주를 형성하고 있는 세 가지 큰 바퀴의 하나이다. 이 우주의 가장 밑바닥에는 아무 것도 없는 허공이 있고, 그 위에 첫째는 풍륜으로서 이른바 바람으로 되어 어느 것이든지 형성될 수 있는 성질을 가지고 있는 원초적인 에너지를 말하는 것으로 모든 것은 바람 따라 일어나며 바람 따라 살다가 바람 따라 흩어져 가는 것을 말한다.

둘째는 수륜이라 하여 모든 것을 적시고 윤택하게 하는, 젖는 성분을 가진 수분 에너지를 말한다. 이른바 바다와 강과 구름을 구성하는 일체의 수분을 말한다. 풍륜 위에 수륜이 떠 있고, 수륜 위에 지륜이 떠 있다고 한다.

셋째로 금륜이라고 하는 것은 굳고 단단한 성질을 가지고 그 체를 유지하는 지속성의 에너지를 말하며, 지륜이라고도 한다. 우리가 살고 있는 지륜을 금륜 또는 지륜이라고 한다. 즉, 이 금륜의 바탕 위에 우리가 살고 있는 세간이 형성되므로 현실적인 복락을 바라고 이어지기를 바라는 입장에서 금륜보배세계라 한 것이다.

좌보처 일광보살은 태양을 상징하는 말이고 일체의 양의 기운을 말하는 것이며, 우보처 월광보살은 달을 상징하기도 하지만 일체의 음의 기운을 말하기도 한다. 태양은 양의 기운으로 일체의 어두움을 몰아내고 번뇌를 없애므로 소재보살, 즉 없애주는 보살이라 하였고, 달은 어두운 밤에 뜨면서 고요하고 은은한 빛으로 모든 인간들이 번뇌를 쉬고 잠들게 하여 에너지를 충만시키므로 식재보살,

즉 쉬게 하는 보살이라 한 것이다.

최승세계란 가장 뛰어난 불국토라는 뜻으로 운의통증부처님은
북두칠성의 첫 번째 별인 탐랑성군에 배태한 부처님이다. 운의 통
증부처님의 의미는 인간의 모든 운명을 마음대로 형통하게 하여 얻
게 한다는 의미를 가지고 있기 때문에 자손들의 만덕을 담당한다고
한다.

묘보세계는 묘한 보배로 된 불국토란 의미로, 광음자재여래불은
북두칠성의 둘째 별인 거문성군에 배태한 부처님이다. 광음자래란
빛과 소리가 자유자재란 말인데, 빛은 광명으로, 밝음으로써 일체
의 어두움을 몰아내는 사랑을 상징하고 소리는 진리의 소리로 일체
의 업장을 소멸하는 뜻으로 이 두 가지를 자유자재로 구사하는 분
으로 일체의 장애와 재난을 없애주는 역할을 한다고 한다.

원만세계는 문자 그대로 원만하여 부족함이 없는 불국토라는 말
이다. 금색성취부처님은 북두칠성의 세 번째 별인 녹존성군에 배태
한 부처님이다. 불가에서는 일체가 원만하게 구족된 부처님을 표현
할 때 보통 금색으로 표현하여 왔으며, 원만한 마음과 행동에서 구
족한 복덕이 성취되므로 금색성취부처님이라 한 것이다. 일체의 업
장을 소멸하여 준다고 한다.

무우세계는 일체의 근심이 없는 불국토라는 뜻으로 최승길상 부

처님은 북두칠성의 네 번째 별인 문곡성군에 배태한 부처님이다. 가장 좋은 일, 상서로운 일만 있게 하는 부처님, 가장 뛰어난 좋은 부처님이라는 뜻으로 구하는 바 상서로운 일을 모두 얻게 한다고 한다.

정주세계는 항상 청정함이 있는 불국토란 뜻으로 광달지변 부처님은 넓고 일체에 통달한 지혜와 변재로 중생들을 구제한다는 뜻을 가지고 있다. 북두칠성의 다섯 번째 별인 염정성군에 배태한 부처님이다.

법의세계는 진리의 마음으로 사는 불국토라는 뜻으로, 법해유희 부처님은 북두칠성의 여섯 번째 별인 무곡성군에 배태한 부처님이다. 법해유희란 진리의 바다에서 노닌다는 뜻으로 마음에 법열을 얻어 기쁘게 사는 것을 말하며, 일체 진리를 얻으면 그 속에 복덕이 구족하여 있음을 스스로 알게 되는데, 이와 같이 진리를 아는 것으로서 복덕을 성취하게 하여 준다고 한다.

유리세계는 맑고 투명한 불국토를 뜻하는 것으로, 약사유리광부처님은 북두칠성의 일곱 번째 별인 파군성군에 배대한 부처님이다. 유리같이 맑고 투명한 빛이라는 것은 일체의 번뇌망상이 사라진 상태를 말하는 것이다. 일체의 병은 가짐(집착)에 의해 본질적이고 근원적이고 맑고 밝은 생명력이 감추어져서 생겨나는 것이므로 약사유리광부처님에 의해서 이것이 제거되고 나면 건강한 몸과 마음으로 오래 살게 되므로 수명을 연장시켜 준다고 하는 것이다.

청사는 이러한 칠원성군의 본불을 청하여 칠성에 불공 드리는 것에 대한 증명이 되어 줄 것을 요청하는 것이다. 향화청은 삼보통청 강의에서 말하기를 원래 인도에서 부처님을 청하여 공양을 올릴 때 향을 뿌리고 꽃으로 장식한 데서 온 것이라고 하였다. 요즈음도 대통령이나 외국의 국빈이 내방할 때 지나가는 길가를 꽃으로 장식하거나 오색종이를 뿌리며 환영하는 것을 볼 수 있다. 이와 같이 칠성원불께서 오시는 길에 향과 꽃을 뿌려 청한다고 하는 것이 향화청이다.

가영의 내용은 위력 있는 광명을 시방세계에 골고루 비추어 어디에서 보든지 동일하게 보이는데, 마치 하늘의 달이 물에 비치듯이, 하늘에 있으면서 모든 사람들의 마음에 비쳐 보이는 것을 말한다.

네 가지 지혜란 무엇인가. 부처님만이 가지는 네가지 지혜로서 첫째는 대원경지, 둘째는 평등성지, 셋째는 묘관찰지, 넷째는 성소작지를 말한다. 이러한 네가지 지혜가 밝은 성현들께서 법회가 있는 곳, 즉 진리가 설해지고 불공이 있는 곳마다 오셔서 뭇 중생들을 이롭게 (제도) 하여 주시므로 일심으로 귀의한다는 것이다.

헌좌진언은 칠성원불을 청하였으면 자리에 모시는 것이 도리이다. 증명청에 있어서의 헌좌게와 진언의 의미는 여타의 불보살님에 대한 공양시의 것과 내용과 의미가 동일하다.

4. 다게(茶偈)

1) 다게(茶偈)

금장감로다(今將甘露茶) 봉헌증명전(奉獻證明前) 감찰건간심(鑑察虔懇心)

원수애납수(願垂哀納受) 원수애납수(願垂哀納受) 원수자비애납수(願垂慈悲哀納受)

2) 성군청(星君請)

나무 일심봉청(南無 一心奉請) 북두제일(北斗第一) 자손만덕(子孫萬德) 탐낭성군(貪狼星君), 북두제이(北斗第二) 장난원리(障難遠離) 거문성군(巨門星君), 북두제삼(北斗第三) 업장소제(業障消除) 녹존성군(祿存星君), 북두제사(北斗第四) 소구개득(所求皆得) 문곡성군(文曲星君), 북두제오(北斗第五) 백장진멸(百障殄滅) 염정성군(廉貞星君), 북두제육(北斗第六) 복덕구족(福德具足) 무곡성군(武曲星君), 북두제칠(北斗第七) 수명장원(壽命長遠) 파군성군(破軍星君), 좌보필성(左補弼星) 우보필성(右補弼星) 삼태육성(三台六星) 이십팔수(二十八宿) 주천열요(周天列曜) 제성군중(諸星君衆) 유원(唯願) 자비(慈悲) 강림도량(降臨道場) 수차공양(受此供養)

3) 향화청(香華請 (3번)

4) 가영(歌詠)

고성흥비작칠성(古聖興悲作七星) 인간수복각사동(人間壽福各司同)

수연부감여월인(隨緣赴感如月印) 공계순환제유정(空界循還濟有情)

고아일심 귀명정례(故我一心 歸命頂禮) (반배)

5) 헌좌진언(獻座眞言)

아금경설보엄좌(我今敬設寶嚴座) 봉헌제대성군전(奉獻諸大星君前)

원멸진로망상심(願滅塵勞妄想心) 속원해탈보리과(速圓解脫菩提果)

「옴 가마라 승하 사바하」

6) 정법계진언(淨法界眞言)「옴 람」(7×3번)

7) 다게(茶偈)

노애래자조계실(露靄來自曹溪室) 활수팽다일미신(活水烹茶一味新)

금장봉헌성군전(今將奉獻星君前) 원수자비애납수(願垂慈悲哀納受)

역문

1) 차를 올리는 노래

이제 감로의 차를 받들어

칠성 증명 전에 올리오니

간절한 마음을 살피시사

자비를 드리우사 감응하여 주옵소서

2) 성군을 청하는 말씀

지극한 마음으로 돌아가 의지하며 받들어 청하옵니다.

북두칠성 첫 번째로 자손만덕 관장하는 탐랑성군, 북두칠성 두 번째로 장애와 어려움을 멀리 여의시는 거문성군, 북두칠성 세 번째로 업의 장애 없애주는 녹존성군, 북두칠성 네 번째로 구하는 바 모두 얻게 하는 문곡성군, 북두칠성 다섯째로 온갖 손해 없애주는 염정성군, 북두칠성 여섯째로 복과 덕을 갖게 하는 무곡성군, 북두칠성 일곱째로 인간수명 늘려주는 파군성군, 왼쪽에서 보필하는 성군님과 우측에서 보필하는 성군님, 삼태육성과 이십팔수로 하늘에 두루 펴서 빛나시는 셀 수 없이 많은 모든 별님(星君)들이시여, 오직 원합노니 삼보님의 위신력에 의지하여 이 도량에 내림하사 이 공양을 받으소서.

3) 향과 꽃으로 청하옵니다

4) 노래로 위덕을 읊음
옛 부처님께서 자비를 일으켜 칠성이 되어
인간의 수명과 복록 맡아 서로 같게 하시네
연을 따라 감응하심 물에 비친 달그림자 같아
허공계를 돌고 돌아 유정들을 건지시네
저희들이 일심으로 귀명정례 하나이다
자리를 드리는 참말씀
제가 지금 경건하게 보배자리 마련하여

모든 크신 성군님께 받들어 올리오니
원하건대 번뇌티끌 망상심을 없애고서
속히 해탈하여 보리과를 원만히 하소서
「옴 가마라 승하 사바하」

5) 법계를 깨끗이 하는 참 말씀 「옴 람」 (7×3번)

6) 차를 올리는 노래
이슬과 아지랑이가 와서 조계실에 이르매
활수되어 차를 다리니 맛이 한결 새롭구나
제가 이제 성군 전에 받들어 올리오니
자비를 드리우사 감응하여 주시옵소서

진행

증명원불에 대한 헌좌진언이 끝나면 바라지는 목탁을 사용하여
곧바로 차를 올리는 다게를 해야 한다. 원수애납수를 할 때마다
정례를 하는 것이 원칙이며 진행상 시간이 바쁠 때에는 서서 반배
를 해도 된다.

다게가 끝나면 법주는 요령을 세 번 울리고 나서 합장하고 나무
일심봉청에서 엎드려 절을 하고 일어서면서 다시 요령을 잡고 흔들
면서 청사를 진행하면 되고 강림도량 수차공양에서 흔들며 청사를
마무리한다.

이어서 바라지는 청사를 하는 법주가 유원승하고 요령을 한 번

챌 때 목탁으로 바로 받아 향화청을 제목을 세 번 외우고 가영성으로 가영을 외우다가 마지막 고아일심귀명정례에서 목탁을 내린다.

법주는 곧바로 요령을 세 번 흔들고 나서 요령을 내려놓고 헌좌진언 목차를 외우고 정례를 하고 일어서면 바라지가 받아서 가영성으로 헌좌게를 하고 '옴 가마라 승하 사바하'를 세 번 외우다가 세 번째에 목탁을 길게 내리고 나서 정법계진언 '옴 람'을 21번 외우든지 시간에 따라서 세 번 내지 일곱 번을 외울 수도 있다. 이어서 바라지는 계속하여 다게를 외우며, 원수애납수를 할 때는 세 번 다 정례를 하는 것이 옳으나 형편상 반배를 할 수도 있다.

해설

칠성에 대한 증명원불을 청하여 자리를 권해 모셨으면 역시 차를 드리는 것이 마땅한 일이다. 그러므로 다게를 통해 증명원불에 대한 차를 올리는 예식을 한다. 다게에 대한 것은 여타의 불공에서 자세하게 해설한 바 있으므로 간단히 마무리 하고자 한다. 여기에서 해설하고자 하는 성군청은 칠성도청에 대한 것이다. 칠성 각 청은 각각의 칠원성군에 대한 개별적인 청사로 이루어져 있다. 성군청은 북두칠성을 직접 청하는 말씀이다.

첫째 탐랑성은 제1성으로 자손들의 화복과 만덕을 관장하다고 하는 분이다.
거문성군은 제2성을 관장하는 성군으로 이 성군에게 공양을 올리면 온갖 장애와 어려움을 소멸시켜준다고 한다.

녹존성군은 제3성을 관장하는 성군으로 인간들의 온갖 업장을 소멸시킨다고 한다.

문곡성군은 제4성을 관장하는 성군으로 구하는 바 모든 것을 얻게 한다고 한다.

염정성군은 제5성을 관장하는 성군으로 인간들의 온갖 손해를 없애준다고 한다.

무곡성군은 제6성을 관장하는 성군으로 재물과 전택을 주관한다고 하는 별로 복과 덕을 갖게 한다고 한다.

파군성군은 제7성을 관장하는 성군으로 인간이 살아가는 동안 수명에 장해가 되는 재난과 동요를 막아 수명을 연장시켜 준다고 하는 특성을 가진 별이다.

좌보필성과 우보필성은 북두칠성의 국자 모양의 옆에 빛나는 희미한 별로 북두칠성을 돌면서 북두칠성을 도와준다고 하는 별이다. 삼태성은 큰곰자리에 속한 별로 자미성을 지킨다고 하는 세 별로 상태성, 중태성, 하태성을 말한다. 이 삼태성이 자식을 점지한다고 하여 속설에 삼신할머니가 아이를 점지한다고 하는 것도 여기에서 유래된 것이라 생각된다. 육성은 궁수자리에 속한 여섯 개의 별로 남두육성이라고도 부른다. 칠성은 북쪽에 위치하고 있기 때문에 북두칠성이라고 하고 남쪽에 있는 별을 남두육성이라고 한다는 것이다.

북두칠성과 남두육성의 사이에는 중국에 내려오는 옛날 이야기가 있다. 옛날 중국의 위나라에 간로라는 사람이 살고 있었다. 어느 날 간로가 길을 가다가 남양이라는 마을을 지나게 되었는데, 그 곳에서 어떤 아이를 보게 되었다. 간로는 앞을 내다볼 수 있는 사람이었기 때문에, 혀를 차면서 '이 아이, 명이 짧겠어' 하고 말했다. 그 말을 들은 아이의 아버지는 놀라면서 어떻게 하면 아이가 오래 살 수 있는지 물어보았다. 간로는 아이의 아버지에게 술과 말린 사슴고기를 준비하여 이러저러 여차저차한 곳으로 가라고 말을 했다. 단, 그곳에는 아들 혼자만이 가야 하며, 그곳에 신선 둘이 앉아있을 것인데, 무슨 말을 물어보더라도 대답을 하지 말라고 하였다. 간로의 말대로 아들은 말린 사슴고기를 준비하여 행인이 말해준 곳으로 갔다.

그곳에 가서 보니 말 그대로 신선 둘이서 바둑을 두고 있는 것이 아니겠는가. 남쪽에는 흰옷을 입은 웃음을 가득히 머금은 신선이 앉았고, 북쪽에는 검은 옷을 입은 인상이 험악한 신선이 앉아 있었다. 아들은 옆에서 얌전히 술과 고기를 대접하였다. 그런데 신선들은 아이가 있든 없든 상관도 안하고 음식을 다 먹고 열심히 바둑을 두었다.

그러다 검은 옷을 입은 신선이 물었다. '너는 누구이며 왜 여기에 왔느냐?' 아들은 역시 조용히 가만히 있었다. 그러자 흰옷을 입은 신선이 '잘 먹고 나서 왜 그러나?' 라는 말을 하면서 수명장부를 꺼냈다. 그곳에서 아이의 이름을 확인한 신선은 '19세라니… 쯧쯧, 잘 얻어먹었으니 늘려주지' 하며 붓을 꺼내서 90으로 글자를 고치는 것이었다.

모든 일을 마치고 아이는 다시 고향으로 돌아와 있었던 일을 아버지와 간로에게 말을 했다. 이야기를 모두 듣고 난 간로가 '남쪽에 앉은 사람은 남두라고 하는 생명을 담당하는 신선이고, 북쪽에 앉은 신선은 북두라 하는데, 죽음을 담당하는 신선이지요'라고 말했다고 한다.

이 이야기에 나타난 남쪽 신선은 남두육성을 상징하고, 북쪽 신선은 북두칠성을 상징하는 것이다. 〈삼국지〉에서도 제갈공명이 죽음을 앞두고 생명을 조금이라도 연장시키고자 북두칠성을 향해 기도하는 부분이 나오듯이, 옛날 동양 사람들은 하늘의 별자리를 보고 생명과 죽음을 생각했었던 것이다. 이와 같이 북두칠성과 삼태성 남두 육성은 인간의 길흉화복을 담당한다고 생각하여 왔던 것이다. 그러므로 칠성단에 수명연장을 비는 불공을 올리는 것이다.

이십팔수는 원래 동양천문학에서 나오는 말이다. 동양천문학에서는 하늘 전체에 빛나는 별을 동서남북의 네 자리로 나누고 각각 7개씩의 별자리가 있다고 보았기 때문에 사방을 모두 합쳐 28수의 숫자가 나오는 것이다. 주천열요란 말은 그 전체의 하늘에 펼쳐진 모든 별을 말한다. 결국 이 칠성청의 청사는 우주의 중심축인 북극성과 그 북극성을 돌고 있는 천체의 모든 별들에 대한 청사인 것이다. 즉 칠성불공이란 하늘 전체의 별자리와 거기에 있는 모든 별들이 가지고 있고 발산하는 에너지를 받아 쓰기 위한 목적으로 하는 것이다. 즉 다시 말하면 천체불공, 즉 우주 전체에 대한 불공이라고 말할 수 있는 것이다.

이렇게 청사를 마치고 난 뒤에 그 부처님을 청하기 위한 향과 꽃을 뿌려 환영준비를 마치는 것이다. 향과 꽃을 칠성 전에 올리는 것으로 끝나면 그 본질이 어긋난 것이요, 마음에 향을 피우는 정성을 가지고 향화청을 해야만 한다.

여기에서 해설하고자 하는 향화청 가영은 칠성도청의 가영이다.

옛 부처님이란 우주가 생기기 이전의 본래불인 본존불이다. 옛 부처님께서 자비를 일으켜서 칠성이 되었다고 하는 것은 그 본래의 우주로부터 일체의 별들이 생겨났고 그 가운데 인간의 수명을 관장한다고 하는 북두칠성도 생겨났던 것이므로 그렇게 말하는 것이다. 인간의 수명과 복록을 맡아 서로 같게 하신다는 것은 본래는 모두가 영원한 생명을 살 수 있는 본존불로부터 왔기에 그렇게 말하는 것이다.

그러므로 그러한 본래의 자리로 가게 하여야만 수명과 복록이 같아지게 되는 것이다. 그러나, 이 세상은 인연 따라 형성되고 살아가는 것이라 인간들의 인연을 따라서 달이 하늘에 있으면서 모든 강에 같은 그림자가 비치듯이 허공계를 돌아 우주의 운행이치에 따라 천기를 변화시키고 인간의 모든 살림살이를 하게 에너지를 보내듯이 한다는 것이다. 그것이 공계를 유전하며 중생을 건진다는 표현이다. 따라서 그러한 우주 부처님께 지극한 마음으로 엎드려 절할 수밖에 없는 것이다.

헌좌진언은 여타의 불공에서 상설한 바 있으므로 재론치 않는다. 다만 향과 꽃을 뿌리고 찬탄하는 노래를 불러 청하였으면 자리를 권해 편안하게 앉게 해드리는 것이다. 불공의 대상인 우주 천체 부처님은 앉고 말고 할 그런 존재가 아니지만 인간들이 하는 습속에 따라 예를 갖추는 것일 뿐이다.

다게는 칠성도청의 것을 인용하였으며 선적인 맛을 풍기는 것이다. 노애(露靄)는 이슬과 아지랑이를 이르는 말이다. 노애래자조계실(露靄來自曹溪室)이라 하였으니 이슬과 아지랑이는 날씨와 자연조건에 의하여 생겨나서 물이 되고 이것이 모여서 시냇물이 되는 것이다. 그렇듯이 살아있는 물은 인위적인 조작이나 꾸밈이 없는 가운데 청결한 물의 본성을 유지하게 됨을 이와 같이 노래한 것이다. 이러한 살아있는 물로써 차를 달이니 맛이 한결 새롭다는 것이다. 옛 선인들은 말하기를 일일시호일(日日是好日)이요, 년년시호년(年年是好年)이라 하였다.

이와 같이 날마다 좋은 날이 되고 해마다 좋은 해가 되려면 과거로부터 떠나 있어야 한다. 그러므로 달일 때마다 차맛이 새로우려면 그 마음에 일체의 번뇌와 무명이 없을 때 참으로 새로운 맛이 나오는 것이다.

이러한 마음으로 좋은 차를 달여 칠원성군님 전에 올려야 된다는 것을 다게의 게송에서 이르고 있음을 볼 수 있다. 그래야만 성군님께서 자비로써 감응을 하실 수가 있다. 일체의 도리와 순리를 떠나서는 자비도 없고, 자비에 의한 감응도 느낄 수가 없게 되는 것이다.

한국 풍류의 원형과 그 세계사적 의의

[1]

이 땅의 조상들이 이루어냈던 아름다운 도 '풍류(風流)'는 지금도 우리의 몸과 마음과 영혼 속에서 면면이 이어져오고 있다. 그러나 역사시대에 우리의 삶을 옭아맸던 국가와 계급과 물질의 길은 원래의 풍류의 모습을 왜곡시켰고, 오랫동안 우리 문화에 덧씌워졌던 외래문화 또한 이 땅의 풍류의 모습을 흐릿하게 만들었다. 그리하여 종내는 이 땅의 풍류의 원형을 놓고 설왕설래하는 지경이 되었다.

그동안 풍류는 중국의 유불선(儒佛仙)의 영향 하에서 해석되어 왔다. 유불선이 들어온 후 이른바 그들의 장점을 취합해 '풍류'를 만들어 어리석은 민중을 교화했다는 것이다. 언제부터인지 모르지만 이러한 해석이 주류를 이루고 있다. 그런데 이 말은 중국으로부터 유불선이라는 학문다운 학문이 들어오고 나서야 비로소 우리의 정신이 깨어났다는 말과 같다. 그동안 역사 교과서에서 이 땅의 고대문화나 정신으로 유불선 이외의 것에 대해 들어본 적이 없으니 유불선이 들어오고 나서야 비로소 문화다운 문화가 일어나기 시작했다는 이러한 해석은 얼핏 그럴듯해 보인다. 그러나 여기에는 문제가 있다.

중국에서 유불선이 전래되기 전에는 이 땅에 문화랄 만한 것이 없었고, 유불선이 들어오면서 비로소 개화되었다는 시각을 낳기 때문이다. 그러나 최근 유네스코의 세계문화유산으로 지정된 고구려 벽화를 보면 샤마니즘이 문화적으로 중심적 위치에 있었음이 드러난다. 즉 샤마니즘의 세계관을 바탕으로 무덤 내부의 공간이 천상계와 지상계로 나누어져 있고, 각각의 공간에는 그에 상응하는 벽화들이 장식되어 있는 것이다. 그에 견주어 유불선은 오히려 주변적이거나 부수적인 위치에 머물러 있다. 그만큼 샤마니즘의 세계관이 뚜렷했음을 말하고 있는 것이다. 이런 현상은 백제, 신라, 그리고 고대 일본도 마찬가지다. 따라서 유불선이 들어오기 전에는 내놓을 만한 문화가 없었다는 식의 해석은 뭔가 크게 잘못된 것이라 할 수 있다.

그렇다면 최치원 선생이 난랑비(鸞郎碑) 서문에서 '국유현묘지도, 왈풍류, 포함삼교 접화군생(國有玄妙之道, 曰風流, 包含三敎 接化羣生)'이라고 했을 때, 그가 말하고자 하는 바는 무엇인가? 유불선이 들어오기 전부터 이미 이 땅에는 현묘지도의 아름다운 풍류문화가 있었는데, 그것이 국가가 생기고 계급이 생기고 물질의 욕망이 생기면서, 그리고 중국의 유불선이 덧씌워지면서 그 아름다운 도가 점점 잊혀져가고 있다는 것은 아닐까? 짧지만 함축이 많은 위의 문장을 대할 때면 왠지 그러한 현실을 안타까워하는 그의 마음이 짙게 느껴지는 것이다.

2

우리 민족은 그 어떤 민족보다도 영적인 민족이다. 이러한 사실은 조선의 유교정책 하에서 이 땅의 정신적 스승으로 존경받던 무당(샤만)들이 하루아침에 천한 하층민으로 전락한 상황에서도, 그리고 그때 이래로 그들의 사회적 활동을 미신으로 치부하는 상황이 지금까지도 계속되고 있음에도 불구하고 그 어떤 나라보다도 샤만이 많다는 점을 통해서 알 수 있다. 이것은 이 땅의 기층문화로서 샤머니즘이 갖는 뚜렷한 위치를 말해준다.

다만, 현실계와 영계가 시계의 두 바늘처럼 맞물려 있다고 본다면, 영성에 대해서 말할 때 그 사회 구성원들의 지적, 정신적, 문화적 현상과 분리해서 생각하기 어렵다. 그런데 이 땅의 과거의 역사를 돌아보면, 삼국시대 이래 국가체계의 확대와 신분과 계급 제도, 그리고 물질적 욕망의 확대재생산의 구조를 발달시켜온 것이 사실이다. 그러므로 현재 이 땅의 샤머니즘 현상은 삼국시대는 물론이고, 국가와 계급과 물질의 욕망으로부터 상대적으로 자유로웠던 그 이전 시대의 샤머니즘 현상과는 많이 다르다고 보아야 할 것이다.

따라서 이 땅의 고대의 풍류문화를 이해하고자 할 때 부득이 국가와 계급과 물질의 욕망으로부터 상대적으로 자유로운 '샤머니즘의 순수한 영적 세계'에 대한 이해가 필요하다고 생각된다. 아무래도 이 땅의 고대 풍류는 국가와 계급과 물질이 본격적으로 사람들을 지배하기 전 이 땅의 소박한 민중들이 지니고 있었던 순수한 영적 세계를 바탕으로 하고 있다고 여겨지기 때문이다.

그러므로 이 글에서 샤머니즘의 순수한 영적 세계라 할 때는 삼국시대, 또는 그 이전의 샤마니즘 현상, 또는 가깝게는 전통시대의 북미 인디언들이나 일부 제3세계 민족들의 국가와 계급과 물질적 욕망으로부터 상대적으로 자유로운 영적인 삶을 전제로 한다는 것을 밝혀둔다.

3

'풍류'라는 용어는 최치원 선생의 난랑비 서문에 나타나기 전에 중국에서 먼저 사용된 것으로 알려져 있다. 때문에 '풍류'란 말의 의미를 둘러싸고 혼란이 있는데, 중국에서 풍류라는 말이 쓰이기 시작한 것은 대략 위진(魏晉)시대이다. 그때는 유교를 국교로 했던 한나라 이래로 중국에서 영적인 사고가 크게 위축된 시대였다. 유교와 노장에서는 영혼과 내세를 인정하지 않기 때문이다. 자연히 중국에서 샤만의 활동은 끊어지고, 그 빈틈을 방사(方士)들의 신선사상과 도교가 메우게 된다.

이런 이유로 중국인들이 풍류라 할 때의 '풍(風)'은 시경(詩經)에 나오는 '국풍(國風)', '정풍(鄭風)' 등의 예에서 보듯이, 노래와 가무, 시문을 뜻하는 경향이 강하다. 실제로 풍류라 할 때 중국에서는 현실에 얽매이지 않고 자유분방하게 시문(詩文)이나 주연, 가무를 즐기는 귀족적 향취 내지 북방민족들에게 쫓기는 신세를 한탄하고 은둔 자적하며 음풍농월(吟風弄月)하던 청담(淸談), 현학(玄學)의 분위기와 밀접한 관계가 있다.

그에 반해 샤마니즘 문화를 토대로 하는 동북아의 풍류는 〈바람 風, 흐를 流〉, 즉 '바람과 물'의 영적인 이해와 밀접한 관계가 있다.

중국이 한나라 이래로 영적인 사고를 부정하고, 인문주의적 경향을 발전시켜온 것과 달리 이 땅의 문화는 샤마니즘의 순수한 영성의 토대 위에서, ① 이 세상의 모든 만물은 살아있는 생명이며, ② 모든 존재는 영적으로 평등하고, ③ 거미줄처럼 서로 연결되어 있으며, ④ 서로 의존하며 살아가고, ⑤ 각각의 존재는 모두 다 그 나름의 임무와 직분을 갖고 태어났다는 사고를 갖고 있었던 것이다. 때문에 우리 조상들이 말하는 풍류는 중국인들이 말하는 풍류와는 그 함의가 사뭇 다를 수밖에 없다.

무릇 중국의 풍류가 선비들이 자연 속에서 시문과 술과 가무로 그들의 답답한 심사를 푸는 문화라면, 이 땅의 풍류는 샤마니즘의 순수한 영적 세계를 토대로 몸과 마음과 영혼의 통합을 이루고, 일상의 삶에서 신성함을 찾으며, 주위의 다른 존재들과 균형과 조화를 추구하는 삶의 근본적인 방식을 말하기 때문이다.

4

그렇다면 이 땅의 풍류적 사고의 전제가 되는 샤마니즘의 순수한 영적 사고란 무엇인가?

북유라시아와 북미 원주민들의 샤마니즘에서 샤만(또는 주술사)들은 영성에 대해서 대체로 다음과 같은 비유와 상징을 통해서 설명해 왔다.

ㄱ. 숨결
ㄴ. 피(또는 물)

먼저 숨결을 보자.

많은 아시아와 아메리카, 호주, 아프리카 등지의 원주민들의 창조신화를 보면 창조주가 이 세상을 창조할 때 만물을 만든 뒤 '생명의 숨결'을 불어넣자 비로소 살아있는 생명이 되었다는 이야기가 전해온다. 이와 비슷한 이야기는 기독교의 〈창세기〉에도 전해진다.

여기서 생명의 숨결은 무엇인가? 그것은 바람이다. 그 바람이 우리의 몸에 들고 남으로써 비로소 우리는 살아있는 생명이 된다. 우리가 숨을 쉰다는 것은 곧 바람을 들이쉬고 내쉬는 것인데, 나뿐 아니라 이 세상의 모든 살아있는 생명은 다 숨을 쉰다는 것이 샤마니즘의 생명관이다. 말하자면 동식물은 물론 햇님도, 달님도, 산도 강도, 심지어 우리가 무생물이라 치부하는 돌멩이까지도 숨을 쉰다고 여기는 것이다.

실제로 고구려 벽화에는 천정의 해와 달이 숨 쉬는 모습이 표현되어 있으며, 산이 춤을 추는 것이 표현되어 있다. 춤을 춘다는 것은 살아있다는 것이고 자기를 표현하는 것이다. 고구려 벽화에는 이처럼 모든 존재가 살아있는 생명이라는 샤마니즘의 생명관이 강하게 투영되어 있다.

그런데 숨을 쉬는 동안 우리의 숨결은 주위의 다른 존재들의 숨결과 섞이게 되어 있다. 우리가 들이쉬는 숨결에는 다른 존재들의 숨결이 들어와 있고, 나의 숨결은 다른 존재들의 숨결에 갈마들게 되어 있는 것이다. 그렇게 우리는 다른 존재들과 서로의 숨결을 나누고 서로 의지하며 살고 있는 것이다. 이 과정을 자연과 우주의 차원으로 확장하면 우리는 숨을 쉬는 동안 이 세상의 모든 존재와 만나게 된다.

여기서 우리는 숨을 쉬는 행위를 통해서 모든 만물이 하나로 연결되어 있음을 알게 된다. 숨을 쉬는 이 작은 행위만으로도 우리는 이 세상의 모든 만물과 불가분의 관계를 맺고 있음을 깨닫게 되는 것이다. 한마디로 '모든 생명은 하나'인 것이다.

그러면 우리 몸을 도는 피는 어떤가. 고대인들은 피가 곧 생명이라고 생각했다. 상처가 나 피를 많이 흘리게 되면 생명을 잃는다는 것을 알았던 것이다. 그런데 피는 물이다. 우리 몸의 70%가 물로 되어 있다는 것은 잘 알려진 사실이다. 우리는 일상생활을 하는 동안 끊임없이 음식이나 음료수의 형태로 물을 섭취한다. 그리고 그 물은 신진대사를 통해 몸 밖으로 분비, 또는 배출되며, 그것은 하천을 통해 바다로 간다. 그리고 거기서 다시 수증기가 되어 구름이 되었다가 다시 비가 되어 대지를 적시고, 우리는 그 물을 받아 마신다.

이렇게 우리의 몸을 드나드는 물은 단순히 들고나는 것이 아니라 우주적 차원의 순환을 통해서 우리의 몸을 드나드는 것이다. 그 과정에서 물은 또한 다른 존재들의 몸을 넘나들게 되고, 결국 이 물의 순환과정을 통해서 모든 존재는 서로 연결되어 있으며, 서로 의존하고 있음을 알게 되는 것이다. 우리의 숨결과 마찬가지로 물, 또는 피의 순환을 통해서 우리는 이 세상의 모든 생명이 하나로 연결되어 있다는 것, 그렇게 모든 생명은 하나라는 것을 확인하는 것이다.

이렇게 바람과 물은 우리의 몸을 넘나들며 다른 존재들과 우리를 관계시키고, 서로 이어주며, 서로 의존관계에 있음을 알게 해준다. 고대인들은 이 세상의 모든 생명을 관통하여 흐르면서, 생명세계가 지속되도록 해주는 근원적인 에너지, 또는 생명력이 바로 이와 같다고 생각했다. 그래서 영성을 설명하고자 할 때 그들은 그러한 근원적인 생명력의 특징을 가장 잘 드러내는 바람과 물을 비유로 들었던 것이다.

5

시베리아 샤마니즘의 연속선상에 있는 북미 원주민들 또한 이와 동일한 사고를 갖고 있는데, 그들 역시 바람, 물, 영성은 같은 것으로 이해한다. 특히 전통시대 북미 원주민들의 경우 아시아와 동북아의 샤마니즘이 물질화, 계급화, 국가화, 기복화의 길을 걸어온 것과 달리 고대 샤마니즘의 순수한 영적인 형태를 고스란히 간직하고 있는데, 그들의 순수한 영적인 삶은 오늘날 영성운동에 관심을 가진 많은 이들의 주목을 받고 있다. 그 가운데 서남부 인디언들과 나바호족은 바람이 생명의 숨결이 되어 우리 몸을 드나드는 것이 얼마나 영적인 것인가를 자세히 논하고 있다.

그들은 바람이 불어 나뭇가지가 흔들리는 것을 바람이 불자 나뭇가지가 춤을 춘다고 말한다. 나뭇가지가 부스럭거리는 소리를 나뭇가지가 노래한다고 말한다. 바람이 불어 산의 나무들이 흔들리는 것을 두고 산이 춤을 춘다고 말한다. 시냇물이 흐르는 것을 긴 사람이 노래하고 춤춘다고 말한다. 그리고 창조주가 우리의 몸에 불어넣어준 생명의 숨결은 우리 몸 안에서는 생각이 되고, 밖에 나가서는 말이 된다고 말한다. 우리 마음의 근원이 바로 숨결임을 그들은 지적하고 있는 것이다.

바람과 물의 이런 영적인 성격에 대해서는 호주 원주민이나 아프리카의 원주민들도 같은 생각을 갖고 있다.

초기 기독교에서도 이런 바람과 물의 순환에 기초한 영적 이해를 엿볼 수 있는데, 〈마태복음〉에서 세례 요한은 예수가 그에게 세례를 받으러 오리라고 예언하며 이렇게 말한다.

나는 너희가 회개하도록 물로 세례를 주거니와, 내 뒤에 오시는 이는 나보다 능력이 많으시니, 나는 그의 신발을 들기도 감당치 못하겠노라. 그는 성령과 불로 너희에게 세례를 주시리라.(마태복음 3:11).

이 문장에 나오는 '성령(holy spirit)'이란 말은 '성스러운 숨결(holy breath)'이라는 뜻의 그리스어를 번역한 말이다.

그리고 〈요한복음〉에는 니고데모가 예수에게 "사람이 늙은 나이에 어떻게 다시 태어날 수 있습니까? 다시 모태에 들어갔다가 나올 수가 있습니까?" 하고 묻는 대목이 있는데, 이에 대해 예수는 다음과 같이 대답한다.

진실로 네게 이르노니, 사람이 물과 성령으로 나지 아니하면 하나님 나라에 들어갈 수 없느니라. 육으로 난 것은 육이요 성령로 난 것은 영이니, 내가 네게 거듭나야한다고 하는 말을 이상하게 여기지 말라. 바람은 임의로 불매, 네가 그 소리를 들어도 어디서 와

서 어디로 가는지 알지 못하나니, 성령으로 난 사람은 다 이와 같으니라.(요한복음 3:5–8)

여기서 물과 성령으로 거듭나야 한다는 예수의 말은 정확히 '물과 바람'이다. 이때의 성령 역시 위의 세례요한의 경우처럼 성스러운 숨결의 그리스어에서 온 말인 것이다. 따라서 우리는 초기 기독교의 영적 이해가 고대 샤마니즘의 영적 이해와 동일선상에 서 있음을 볼 수 있는데, 이와 같은 바람과 물에 대한 영적 이해는 초기 기독교에 많은 영향을 끼친 로마시대의 이교도와 영지주의적 전통에 의한 것으로 생각된다.

6

바람과 물의 이러한 영적 특징을 북미 원주민들은 나선형, 또는 원의 상징을 통해서 설명하는데, 그들이 말하는 '신성한 원(Medicine Wheel)', '생명의 원(Circle of Life)', '원 안의 원(Circle in Circle)'이 그것이다. 의상과 각종 생활도구에 장식된 나선형 무늬, 또는 원을 통해서 그들은 이 세상의 모든 존재가 서로 연결되어 있고, 서로 의존하면서 변화한다는 것을 상징적으로 보여준다.

고구려 벽화에서는 바람과 물이 나선형과 원의 다양한 형태로 표현되어 있는데, 류운문(流雲紋) 형태의 각종 바람이나 구름, 물결, 햇살, 넝쿨, 화염 문양이 그것이다. 특히 덕흥리고분, 쌍영총, 수산리고분, 삼실총 등에는 지상계와 천상계를 구분짓는 도리에 이러한 류운문이 장식되어 있는데, 이는 바람과 물의 나선형, 원의 형태가 현상계(지상계)와 영계(천상계)의 경계를 나타냄을 뜻한다. 아무르강의 소수민족들은 이러한 나선형, 원의 무늬를 건축물의 기둥과 도리, 각종 생활도구 등에 장식하는데, 이는 이러한 무늬가 일종의 기도, 또는 주술적의 성격을 갖고 있다고 여기기 때문이다.

흥미롭게도 고구려 벽화의 이러한 류운문은 당시 고구려의 영향을 받은 선비족의 경우 외에는 중국에서 거의 나타나지 않는데, 이는 한나라 이래 유교적 사고가 지배하면서 영적 사고가 결여된 중국문화의 현상을 단적으로 보여주는 것이라 할 수 있다. 그에 견주어 나선형 형태의 류운문은 삼국시대의 각종 금동관이나 금동신발 등의 유물에서도 자주 볼 수 있는데, 이는 삼국시대에 바람과 물로 상징되는 풍류적 사고가 이 땅에 널리 퍼져 있었음을 보여주는 것이다.

7

바람과 물의 영적 의미를 상징화한 이러한 나선형, 원의 도상은 샤머니즘에 기초한 티벳 불교의 만달라에서도 확인된다. 티벳 불교의 만달라는 원과 사각형을 기조로 복잡하게 짜여져 있는데, 티벳의 만달라가 이처럼 복잡한 형태로 발전한 이유는 인도의 초기 만달라 위에 점차 형이상학화, 존재론화한 불교의 가르침을 반영하고 있기 때문이다. 그런데 그들이 만달라 도상에서 표현하고자 하는 가르침은 실제로는 나선형, 원으로 상징되는 바람과 물의 영적 이해와 조금도 다르지 않다.

예를 들어 보자. 원이라는 것은 그 위에 무수한 점이 있다고 하면, 그 각각의 점은 원에 의존하고, 원은 각각의 점에 의존한다. 이렇게 원 위의 점들은 서로 불가분의 관계를 맺으며 다른 점들에 의존하고 있다. 그렇게 각각의 점은 서로 연결되어 있으며, 시작인 동시에 끝이 된다. 이렇게 원 위에서는 시작도 끝도 없이 돌아간다. 뿐만 아니라 원 위의 점들은 높낮이 없이 모두 평등하다. 그와 함께 각각의 점은 중심이 되며, 주인의 자리가 된다. 이것은 마치 이 세상의 모든 존재들이 중심이며 주인의 위치에 있는 것과 같다. 어디 그뿐인가. 원이 우주의 만물을 상징한다면 원의 모든 존재를 관통해서 흐르는 생명력은 신이 되고, 그 신은 다시 각각의 존재에 내재해 있는 것이 된다.

이것이 북미 원주민들의 원의 상징적 의미에 대한 설명이다. 그리고 이것은 정확히 티벳 불교 만달라의 핵심적 통찰에 해당한다.

그런데 바람과 물의 영성을 상징하는 이러한 나선형과 원의 문양, 또는 도상들은 고대의 샤마니즘 문화권에서 보편적으로 나타난다. 유럽의 고대민족인 켈트족의 나선형 장식무늬가 그러하며, 아무르강 중하류 지역에 거주하는 고아시아족―나나이족, 니브흐족, 울치족, 우데헤족, 네기달족 등이 그러하며, 또한 북유라시아를 휩쓸던 스키타이―흉노족과 그들의 후예인 게르만―바이킹족의 나선형, 원의 도상이 그렇다. 또 샤마니즘 문화를 갖고 있는 제3세계 원주민들의 각종 의상에 장식된 무늬와 생활도구에 장식된 나선형, 원의 무늬들이 그렇다.

8

최치원 선생이 일찍이 "이 땅에 아름다운 도가 있으니 풍류라 한다(國有玄妙之道, 曰風流)"고 했던 풍류는 이와 같은 바람과 물의 영적 이해를 토대로 하고 있다고 생각된다. 풍류도가 퇴락해가던 신라 말기에 그가 이와 같은 풍류에 대한 영적인 이해를 가질 수 있었던 것은 당시 샤마니즘의 순수한 영성에 바탕한 영적 지혜가 많이 남아있었기 때문이라 할 수 있을 것이다.

그는 이러한 풍류의 인식론을 이른바 '접화군생(接化羣生)'이라는 말로 압축하고 있는데, 이 접화군생에 대해서 그동안 학자들은 '민중을 교화한다'는 의미로 해석해왔다. 그러나 앞에서 지적한 것처럼 바람과 물에 대한 영적 이해를 바탕으로 할 때 이러한 해석은 전혀 맞지 않는다. 오히려 일상의 모든 행위가 서로 관계지어져 있고, 서로에게 영향을 미친다는 점을 고려할 때, 접화군생은 일상의 신성한 행위 또는 삶 속에서 영적으로 성장하기 위해 노력하며 뭇 생명들이 살아간다는 의미로 보는 것이 옳다.

실제로 신라인들은 이 말의 의미를 잘 이해하고 있었던 것으로 보이며, 접화군생이라고 하면 굳이 설명하지 않아도 다 알아들었던 것으로 생각된다. 그렇다면 오늘날 학자들은 왜 접화군생을 그리도 다르게 해석하는가! 그것은 이 개념에 접근하는 많은 이들이 유불선이 전래되기 훨씬 전부터 이 땅에 존재했던 샤마니즘의 순수한 영적 세계에 대한 이해를 못하고 있기 때문이다.

샤마니즘은 영혼을 중심으로 이 세상의 현상과 변화를 바라본다. 그런데 영혼이란 눈에 보이지 않고 귀에 들리지 않는다. 때문에 이 눈에 보이지 않고 귀에 들리지 않는 영적 세계를 어떻게 가시적으로 표현하는가가 중요한 문제가 된다. 바람과 물에 의한 영적 비유가 중요한 의미를 갖는 것은 그 때문이다.

그런데 우리 역사에서 이 접화군생의 의미에 가장 가까이 다가간 사람은 놀랍게도 동학을 창도한 수운 최제우 선생이다. 그는 시천주(侍天主)에 대한 설명으로 '시(侍)'에 대해서 다음과 같이 설명하고 있다.

모신다는 것은 안으로 신성한 영(혼)이 있고, 밖에는 천지만물의 기화가 있으며, 세상사람 하나하나가 모두 다른 사람이 대신할 수 없는 유일한 생명임을 아는 것이다.

(侍者, 內有神靈, 外有氣化, 一世之人, 各知不移者也)

여기서 안으로 신성한 영(혼)이 있고, 밖에는 천지만물의 기화가 있다는 〈내유신령, 외유기화〉는 곧 안으로는 신령한 영의 작용이 있고, 그것이 밖으로 드러난 것이 바로 천지만물의 기화라는 말이다. 그런데 이 〈내유신령, 외유기화〉란 말은 모순된 말이다. 왜냐하면 '신령'이란 영(spirit), 또는 영혼을 말하는데 반해, '기화(氣化)'란 주자학적 개념이기 때문이다. 주자학에서는 눈에 보이지 않고 귀에 들리지 않는 영, 또는 영혼에 대해서는 말하지 않는다. 대신 현상계 너머의 그 모든 작용을 이화(理化)로서 설명한다. 그것은 원리, 법칙을 말할 뿐 영혼을 말하지는 않는다. 따라서 신령과 기화는 서로 양립할 수 없는 개념이다. 그런데도 양자를 함께 쓰고 있는 것이다.

수운 선생 역시 이러한 이질적인 개념의 조합으로부터 생기는 문제점을 몰랐을 리 없었을 것이다. 오히려 새로운 사상을 표현하고자 하나 기존의 언어를 사용할 수밖에 없는 언어적 한계 때문에 부득이 그런 표현을 쓴 것이 아닌가 생각된다. 사람들이 동학을 어려워하는 것은 이 때문이다. 많은 이들이 〈내유신령, 외유기화〉 속에 담긴 함의를 보지 못하고 문자에 얽매여 이를 놓치는 것이다.

　　그러나 수운 선생이 〈내유신령, 외유기화〉라고 말함으로써 의미하고자 하는 바는 분명하다. 한마디로 모신다는 것은 안에 있는 신성한 영의 작용이 밖으로 드러난 일상의 행위(氣化) 속에서 세상 사람들이 모두 다 귀중한 생명임을 아는 것이라고 그는 말하고 있는 것이다.

　　수운 선생의 이러한 시(侍)에 대한 이해는 정확히 샤마니즘의 순수한 영적 이해를 갖고 있던 민중들의 지혜에 바탕한 것이라 할 수 있다. 그렇게 볼 때 〈내유신령, 외유기화〉는 〈내유신령, 외유접화(內有神靈, 外有接化)〉으로 푸는 것이 나았다고 생각된다. 기화를 접화군생에 나오는 '접화(接化)'로 푸는 것이 옳았다는 말이다. 왜냐하면 '기화(氣化)'는 신령과 양립할 수 없는 주자학적 개념인데다 자칫 유물론적 해석을 범할 소지가 있기 때문이다. 그랬더라면 안으로는 영의 작용이 있고 그것이 밖으로 드러난 것이 일상의 삶이라는 민중적 지혜를 오롯이 담아낼 수 있었을 것이다. 수운 선생이 신내림을 통해 깨달았다는 사실을 생각해 보면 왜 주자학의 '기화'가 아니라 샤마니즘의 영적 지혜를 배경으로 하는 '접화'라 해야 하는지 이해할 수 있을 것이다.

이상의 논의를 바탕으로 접화군생의 의미를 좀더 살펴보자.

이 접화군생은 두 부분으로 이루어져 있는데, '접화'와 '군생'이 그것이다. 이 가운데 '군생'은 뭇 생명이 살아간다는 의미이니 별로 어려울 것이 없다. 그렇다면 접화는 어떤가.

먼저 '접(接)'이 무당들이 눈에 보이지 않고 귀에 들리지 않는 영들을 만날 때 사용하던 말임을 염두에 둘 필요가 있다. 실제로 '신접(神接)', 또는 '접신(接神)'이라 하면 현상계와 영계의 만남, 또는 그 경계를 뜻한다. 무당들이 영을 접하는 것을 그리 표현했던 것이다. 또 우리가 흥이 났을 때, '신난다'. '신명이 난다', '신이 오른다'는 등의 표현을 쓰는데, 이 또한 접의 한 형태라 할 수 있다. 말하자면 접은 현상계 너머에 있는 눈에 보이지 않고 귀에 들리지 않는 것을 만나거나 그와 관계된 영적인 만남에 사용하던 말인 것이다.

샤마니즘 현상의 하나라 할 수 있는 이러한 접의 성격은 신을 만나기 위해서는(또는 신이 오르기 위해서는) 우리의 몸 또한 정신과 마찬가지로 영적인 요소를 가지고 있어야 함을 시사한다. 왜냐하면 정신과 달리 우리의 몸이 세속적인 것이고, 그래서 신성함을 지니고 있지 않다면, 우리의 몸은 신성한 영 또는 정신과 소통할 수 없을 것이고, 결과적으로 접신이나 신명과 같은 영적인 만남은 가능하지 않기 때문이다.

내부의 영혼의 작용이 밖으로 드러난 것이 우리의 일상의 삶이요 행위라는 것을 상기하면 사실 우리의 몸과 마음과 영혼이 함께 작용한다는 것은 너무도 당연한 이야기라고 할 수 있다. 그렇지만 그동안 서구식 교육을 받아 몸과 물질은 세속적인 것이고, 정신과 영혼은 신적이고 고귀한 것이라는 이원론적 사고에 익숙해져 있는 우리는 몸의 움직임에 영혼이 함께 한다는 것을 받아들이기가 쉽지 않다. 몸과 영혼, 물질과 정신은 물과 기름처럼 다르다고 배워왔기 때문이다.

그러나 정신과 마찬가지로 우리의 몸 또한 영적인 요소를 갖고 있다는 것이 전통적인 샤마니즘의 영혼관이다. 우리의 몸은 그냥 body가 아니라 spiritual body라는 것이다. 한마디로 몸과 영혼의 분리를 허용치 않는 것이다. 몸과 영혼의 분리는 그 자체가 죽음이기 때문이다.

그런데 이처럼 우리 몸에 영적인 요소가 있다는 것을 인정하게 되면 우리의 일상의 행위에는 신성함이 깃들게 된다. 우리가 하는 그 모든 행위가 단순한 세속적인 행위를 넘어 거룩하고 신성해질 가능성이 열리는 것이다. 그것은 우리의 삶 자체가 거룩하고 신성해질 수 있음을 의미한다.

여기서 우리는 접이 일상의 삶 속에서 신성함을 찾는 행위, 즉 일상과 종교의 일치와 분리할 수 없음을 알 수 있는데, 접의 이러한 성격은 모든 존재를 '모시라(侍)'는 말로 압축하고 있는 동학의 가르침처럼 우리에게 일상의 모든 행위가 신성하고 거룩해지도록 주위의 모든 존재를 공경하고 돌볼 것을 가르친다.

뿐만 아니라 접은 먹고, 입고, 쓰는 일상의 모든 행위에 대해서도 늘 기도하고, 감사하고, 되먹이라고 가르치는데, 왜냐하면 우리가 먹고, 입고, 쓰는 모든 것은 다른 존재들이 자신의 귀중한 목숨을 우리에게 내어준 것이고, 우리가 그러한 행위에 대해서 감사하고 기도하지 않는다면, 우리의 행위는 폭력과 저주가 될 것이기 때문이다. 그것은 결과적으로 우리의 삶을 불균형과 부조화로 이끌 것이다. 일상 속에서 감사와 되먹임을 통한 살림이 중요한 이유가 바로 여기에 있는 것이다.

접은 일부 학자들이 주장하듯이 지식을 가지고 상대방을 교화하고, 가르치는 그런 것이 아니다. 우리의 아름다운 도, 풍류가 바람과 물의 영적 이해에 기초하고 있다는 것을 인정한다면, 그래서 이 세상의 모든 존재는 영적으로 평등하며, 다 존재이유와 이 세상에 나서 할 일을 가지고 있다는 것을 인정한다면 남을 교화하고 가르친다는 것은 사리에 맞지 않기 때문이다. 실제로 우리의 조상들과 제3세계의 원주민들은 말한다. 만남은 언제나 평등해야 하며, 오직 그때에만 평화가 있다고.

이와 관련해서 주목할 것은 동학에서 그들의 최소조직의 명칭에 접이란 말을 사용했다는 사실이다. 이는 매우 의미심장하다. 왜냐하면 이때의 접은 사람과 사람이 만나 관계를 맺고 서로를 영접(迎接)하고 대접(待接)하고 접촉(接觸)하는 모든 행위가 신성한 행위임을 가리키기 위해 선택된 것으로 보이기 때문이다.

따라서 접은 단순한 물리적 만남, 또는 관념적 만남이 아니라 영적인 만남, 즉 영혼과 영혼의 만남을 전제로 하는 것이라 할 수 있다. 그것은 다른 말로 '관계의 정화(精華)', 또는 '관계의 성화(聖化)'라 할 수 있으니, 접은 일상적 삶 속에서 무한히 반복되는 나선형 춤을 통해 모든 존재를 그 중심에 이르게 하고, 신을 만나게 하는 그러한 것이기 때문이다.

이런 이유로 샤머니즘에서 접은 언제나 지금, 여기의 '현재'에 충실할 것을 요구하는데, 오직 그때에만 일상의 행위들 속에서 신성함이 드러날 수 있기 때문이다.

접화의 또 한 부분인 '화(化)'는 교화(敎化), 감화(感化), 변화(變化), 그리고 화육(化育) 등의 예에서 보듯이 변화와 성장을 나타내는 말이다.

따라서 영적인 만남을 뜻하는 '접'과 변화, 성장을 가리키는 '화'를 합친 접화는 일상의 삶 속에서 신성함을 찾는 동안 사람들이 영적으로 변화하고 성장한다는 것을 뜻하는 말임을 알 수 있다.

이상의 접의 개념과 동학에 나타난 민중적 지혜를 바탕으로 접화군생의 생략된 부분을 보충하여 정리하면 다음과 같다.

> 안으로는 영의 작용이 있고, 그것이 밖으로 드러난 일상의 삶 속에서 신성함을 찾는 동안 영적으로 변화하며, 뭇 생명들이 살아간다.
>
> (內有神靈, 外有接化, 羣生)

여기서 일상의 신성한 행위라는 것은 나의 행위가 악이 되지 않고 거룩하게 되는 행위로, 나를 내세우기보다는 늘 나를 낮추고, 상대방을 배려하고, 감사하고 기도하는 생활을 말한다.

그런데 이러한 일상의 신성한 행위는 주위의 모든 존재들과의 균형과 조화로운 관계를 전제로 한다. 예를 들어 꽃 한 송이가 피려면 해도 비춰야 하고, 비도 내려야 하고, 바람도 불어야 하고, 별들도 비춰야 하고, 땅 속의 미생물들이 도와주어야 하고, 하다못해

지나가는 동물들이 아는 척이라도 해주어야 하는 것이다. 말하자면 꽃은 가만히 내버려 두면 저절로 피는 것이 아니라 주위의 모든 존재들과의 관계 속에서 온갖 부대낌과 시련과 고통과 기다림 속에서 어느 날 기적처럼 피는 것이다.

결코 자기 혼자서 꽃을 피워내는 것이 아니라는 것이다. 수많은 자연의 형제, 친척들과의 관계에서, 그리고 그들의 도움 속에서 핀다는 것이다. 접화군생은 바로 그러한 관계 속에서 사람은 물론 동식물과 해와 달, 별, 산과 강, 풀 한 포기, 돌멩이 하나에 이르기까지 세상의 모든 존재를 공경하고, 그들과 균형과 조화로운 관계를 맺고 하나 되는 가운데 영적으로 성장하는 삶의 태도를 말하는 것이다.

이 땅의 아름다운 도, 풍류는 이와같이 우리의 일상의 모든 행위— 움직이고, 행동하고, 만나고, 관계 맺고, 노래하고, 그림 그리고, 사냥하고, 일하는 모든 행위, 숨 쉬고 밥 먹고 배설하고, 자고 일어나는 모든 행위가 신성한 행위가 되도록, 그리고 그러한 행위를 통해서 주위의 다른 존재들과 더불어 하나 되고, 영적으로 성장해가는 삶의 원리를 가리킨다.

9

이러한 풍류적 세계관에서 나의 행위는 나 개인의 행위로 끝나지 않는다. 왜냐하면 나의 모든 행위—나의 모든 생각과 말과 행위—는 나와 관계를 맺고 있는 다른 존재들에게 영향을 미치기 때문이다. 그리고 그것은 돌고 돌아 결국 내게 돌아온다. 때문에 전체의 균형과 조화를 위해서는 사적이고 이기적인 행위보다는 나와 관계를 맺고 있는 모든 존재를 위한 봉사와 헌신의 태도가 무엇보다 중요해진다.

풍류적 세계관에서 볼 때 이 세상의 생명에너지는 그 자체로는 선(善)도 악(惡)도 아니다. 마치 태양이 대지 위의 모든 존재에게 고루 비치고, 비가 대지 위의 모든 존재를 고루 적시듯이 생명에너지 자체에는 호불호가 없는 것이다.

나의 행위는 결국 내가 어떻게 행동하느냐에 따라 선도 되고 악도 되는 것이다. 내가 자연과 균형과 조화를 이루며, 모든 존재와 더불어 하나되고 행복해지는 삶을 살아가는가, 아니면 자연의 순리를 거부하고, 물질을 탐하고 이기심을 발동하여 나만의 쾌락을 추구하는가에 따라 선도 되고 악도 되는 것이다. 이처럼 우리 조상들이 말하는 풍류는 생명의 에너지를 모든 존재와 균형과 조화를 이루며 모두가 더불어 하나가 되고 행복해지도록 사용할 것을 요구한다. 이를 거스르는 것을 우리 조상들은 '풍파(風波)에 시달린다'고 했으니, 이는 곧 풍류의 길에서 벗어나 자연과 불균형과 부조화에 이르는 것을 두고 하는 말이리라.

또한 이 세상의 생명에너지는 잠시도 그 자리에 머무르는 법이 없다. 물이 흐르듯이 부단히 흐른다. 그래서 똑같은 강물에 두 번 발을 담글 수 없듯이, 생명에너지는 끊임없이 변한다. 이것은 주위의 존재들과 균형과 조화를 이루기 위해 끊임없이 자기 자신을 되돌아보고, 다른 존재의 거울에 자신을 비추어보아야 한다는 것을 의미한다. 고인 물은 썩게 마련이다. 때문에 우리는 늘 겸손하고 자신을 낮추어야 한다. 그래야만 변화 속에서, 또 시시각각으로 변하는 다른 존재들과의 관계 속에서 균형과 조화를 이룰 수 있기 때문이다.

놀랍게도 이러한 풍류의 세계관, 이러한 삶의 태도를 최치원 선생은 유불선 삼교(儒佛仙 三敎)에 비추어 다음과 같이 표현하고 있다.

안에 들어와서는 부모님께 효도하고, 밖에 나가서는 나라에 충성하는 것은 공자의 주지와 같고, 무위로서 일을 하고 침묵의 가르침을 행하는 것은 노자의 종지와 같으며, 모든 악행을 멀리하고 착한 일을 행함은 석가의 교화와 같다.

(且如入則孝於家, 出則忠於國, 魯司寇之旨也. 處無爲之事, 行不言之敎, 周柱史之宗也. 諸惡莫作, 諸善奉行, 竺乾太子之化也)

여기서 '국가에 충성한다(忠於國)'는 것은 국가체계를 전제로 하는 것이다. 그러나 국가체계가 개입하면 영적인 순수한 삶은 어렵다. 이러한 사실은 영적인 순수한 삶을 살고 있는 시베리아 소수민족이나 제3세계, 또는 북미 원주민들이 여전히 부족공동체 사회를 유지하고 있는 것을 통해서 확인된다. 만일 그들 사회에 국가체계가 개입한다면 그들의 영적인 순수한 삶은 무너지고 말 것이다. 따라서 이 말은 국가가 개입하기 전의 모습인 '밖에 나가서는 가족과 이웃과 민족을 위해 봉사한다'로 고치는 것이 옳다.

위의 인용문을 통해서 우리는 이 땅의 조상들의 풍류적 삶의 참모습을 볼 수 있으니, '안에 들어와서는 부모님께 효도하고, 밖에 나가서는 가족과 이웃과 민족을 위해 봉사하고, 자연의 법을 거스르지 않고 무위의 삶을 살고 나를 내세우기보다는 침묵을 사랑하고, 악행을 멀리하고 늘 선함을 위해 힘쓴다'는 것이 바로 그것이다.

이러한 조상들의 풍류적 삶의 태도는 놀랍게도 샤마니즘의 순수한 영적인 세계관을 갖고 있는 전통시대 북미 원주민과 일부 제3세계 원주민들의 생태적이고 영적인 삶의 태도와 정확히 일치하는 것이다. 우리는 이러한 사실을 통해서 최치원 선생이 난랑비 서문을 쓸 당시, 비록 국가화, 계급화, 물질화의 영향이 없진 않지만 그럼에도 우리 조상들이 고대 동북아에 면면이 전승되어 내려오던 샤마니즘의 순수한 영적인 지혜를 상당부분 듣고 있었음을 다시 한번 확인할 수 있는 것이다.

10

서구의 자연과학이 이 세상을 지배한 이래로 오늘날 전세계의 전통문화와 원주민문화는 물질화되고, 상품화의 길을 걷고 있다. 그 결과 조상들의 아름다운 공동체적 삶과 영적인 지혜는 망실되고, 자연은 우리의 삶의 주요한 부분이 아니라 경제적 성장을 위한 물적 기반(환경)으로 전락해가고 있으며, 사람들은 거미줄같은 관계망 속에서 서로를 배려하고 돌보던 이 땅의 아름다운 도를 잃어버린 채 갈수록 개인주의와 자아의 섬에 갇혀 가고 있다.

이러한 작금의 상황은 19세기 중엽 동학이 태동되던 시대와 크게 다를 바 없다. 지금이라도 우리는 더 늦기 전에 이 잃어버렸던 풍류적 세계관—이 생명의 세계관, 친자연적 세계관을 바로 알고, 그것을 다시 세워, 자연을 살리고 모든 존재가 더불어 하나 되고 행복해질 수 있는 생명과 평화의 길로 나아가야 할 것이다. 그것은 우리들 자신보다도 자라나는 다음 세대를 위해서 반드시 필요한 일이다.

이러한 풍류적 세계관은 오늘날 전세계적으로 일고 있는 새로운 영성과 평화운동의 흐름과 궤를 같이 하는 것이다. 또한 그 진로를 놓고 고심하고 있는 국내의 생명평화 운동에 새로운 풍류적 인식론과 미학을 제공함으로써 우리가 나아가야 할 방향과 길을 제시하고 있으니, 바로 여기에 이 땅의 풍류가 갖는 보편적이고 세계사적인 의미가 있다 할 것이다.

11

1990년대 이래 서구의 대체의학계에서는 기존의 인식체계, 또한 인간을 몸과 마음과 감정, 정신으로 나누어 분석해오던 인식체계로는 온전한 인간이해와 치료에 한계를 갖고 있음을 인식하고, 기존의 물질과 정신의 이원론적 틀이 아닌, holistic view를 통해서 인간의 몸과 마음, 감정, 정신을 하나의 에너지 체계로 보아야 한다는 관점이 전면으로 떠오르고 있다. 즉 '몸과 마음과 영혼은 하나'이며, 몸과 마음과 영혼에 대한 개별적 접근은 각기 다른 측면에서의 부분적인 설명에 불과하다는 시각이 그것이다. 인간은 몸과 마음과 영혼의 총체적인 이해를 통해서만 그 참된 인격을 만날 수 있다는 것이다.

그래서 그들은 기존의 서구의학 이외의 전통의학과 제3세계의 대체의학을 모두 묶어 'vibrational medicine'이라는 새로운 개념으로 설명하고 있다. 이것은 오늘날 인류가 새로이 바람, 흐름, 결, 떨림의 인식론, 곧 바람과 물의 풍류적 인식론을 요구하고 있음을 의미하는 것이라 생각된다.